日記で読む日本史8

倉本一宏 監修

皇位継承の記録と文学

『栄花物語』の謎を考える

中村康夫 著

臨川書店

目次

はじめに

〝今〟という時代を捉えるために〝近代史〟を書けと言われたら、自分はどこから書き始めるだろうか。

すぐに念頭をよぎるものは第二次世界大戦ではある。しかし、第二次世界大戦を書くためには〝戦争〟というものについて、なぜ起こるのか、どういう仕掛けによって戦争という事象が起きるのかということを見極めないと書けそうにないと思う。そうすると、日清戦争は範囲内に入ってくる。そのそもそもの最初は〝富国強兵〟ではないかとも思われてくる。では、明治の最初からか。黒船や幕末は関係ないか。いろいろなことが頭の中を経巡るが、とりあえず、〝近代史〟なら、明治の最初からで何とかまとまった記述になりそうだと思われてくる。

これと同じ問いを道長の生きた平安時代後期に投げかけてみたら、人々はどう答えるのだろうかと思う。特に当時の女性知識人達にである。〝道長〟という〝今〟を捉えるためにはどこから書き始める必要があるのか。それは、当然、人によっていくつかに分かれるのであろうけれども、『栄花物語』の作者は村上天皇から書いた。『大鏡』の作者は文徳天皇から書いた、と考えてよさそうである。どの作品も〝時代認識〟を持っている。

そうして、もう少し時代が下がって、『百人一首』が編まれる。これは歴史記述ではないが、最初は天智天皇から始まり、持統天皇が二番目。最後は九十九番目が後鳥羽院、最後が順徳院である。この配列を見たとき、当時の歴史にやや詳しい人は、壬申の乱から始まって天皇配流の時代へと、国情をベースにして時代の流れを感じたに違いない。そう思って、天皇だけを追いかけていくと、持統天皇の次は十三番目が陽成院、十五番目が光孝天皇である。陽成天皇は第五十七代天皇、光孝天皇は第五十八代天皇である。この年齢的には逆転する二代の天皇が、歴代順ではあるものの連続せず間を空けて編まれている。間に割り込んでいるのは河原左大臣源融である。なぜこうなっているのかは、当時の人ならすぐに分かったはずである。それは『大鏡』基経伝に書かれている。

陽成天皇は清和天皇の第一皇子。藤原高子を母として生まれた。二歳で東宮となり、九歳で即位した。その後、長命にもかかわらず、在位が八年と短かったのには理由がある。ただし、定説といえるほどのものはない。ただ、何となく特に当時の人々が感じていたのはどのあたりかという程度のことを推測することはできそうに思われる。

それは、年齢を逆転させて、基経が三十八歳も年上の光孝天皇に皇位を持っていった強引さに見え隠れする。『扶桑略記』寛平元年八月十日条の「悪君之極」や、『皇年代略記』の「物狂帝」のように人格を攻撃するような記述が、実際に理由とされた可能性が高いと思われるが、これらはやや後代のものであり、当時の実情をどれだけ正確にとらえているかはわからないというべきである。ただ、何らかの理由により、皇位に居続けることは不適当とされたことは間違いなく、それは、陽成自身の欠陥もあったのかもしれないが、当時の大流行物語である『伊勢物語』によって多くの人々が知っていた話として、在原業平の影が陽成の母高子に寄り添うことも何らかの影響を与えていると思われる。

今日的な史実論からは退けられるこういった当時の巷間の知識も、当時の人々の史実認定にはかなり大きく関わったものと思われ、それをそのまま公式の史実として何かに書くということはないにしても、話としては、歴史再構築に幾分かでも関わってくると思われるのである。

陽成天皇が譲位したのは元慶八年のことであり、時に十七歳であった。因みに基経は四十九歳であり、光孝天皇は五十五歳であった。当時の寿命や年齢構成を考えても、嘱望されるべきは十七歳の青年であり、事の強引さがうかがい知れるというものである。

陽成天皇の譲位はそのように進められたが、その時に「皇位継承者ならここに源融がいるではないか」と自ら手を挙げたのが源融なのである。『大鏡』には「いかがは。近き皇胤をたづねば、融らもはべるは」と言ったと書いている。これは、基経により、源姓を賜って平民となっているものが皇位に即けるわけがないと退けられたが、『百人一首』で陽成天皇・源融・光孝天皇とこの順に並べられたのは、この間の事情を如実に表していると考えるしかない。ただし、源融だと、光孝天皇よりさらに八歳年上になる。

このように、『百人一首』のような作品にも歴史意識はあり、少なくとも歴史上に実在した人物を扱う作品には何らかの歴史意識があったと見て良いと思われるのである。

どの文学作品も、それが実在の人物を扱う以上、何らかの歴史認識を持たないと作品は始まらない。『源氏物語』のような虚構を描く作品でも、〝今日的〟な人間としての存在意義を踏まえようとするならば、その始まりを決定するのに、歴史的事実を踏まえて書くほうが、まるで絵空事を書くよりも、構想が具体的になり、書きやすいと思われる。

そこに漫然と広がる歴史意識は、作品間に多少の相違はあっても、一段上に上がって巨視的に眺めるならば、ほぼ一体的なものとして捉えうるように思われてならない。本書ではそれを何とか捉えて書き出したいと思うのである。

第一章　歴史を書くということ

一、国　史

わが国には〝国史〟というものがある。〝国史〟は六つで終わるので六国史といわれるが、『日本書紀』『続日本紀』『日本後紀』『続日本後紀』『文徳実録』『日本三代実録』の六冊は、神代から書き起こし、天皇の歴代を間を空けず書き綴っている。そもそもそこに書いてあることは、皇室の由来であり、皇室の祖の発生からのことであるから、そもそもということでいえば、『日本書紀』が扱う時代から語り始めるとよいという考えが成り立つ。しかし、問題は〝今〟を捉えるという着想がそこから出てくるかという問題である。

天皇の歴代はそれとして、〝今〟という時代は、藤原氏の存在を抜きにして捉えられない。しかも、その藤原氏は天皇の歴代とある時期からずっと関わって存在している。したがって、〝今〟を捉えるには、天皇に関わって、そこに藤原氏をセットすることが必要なのだ。そうすると、当然のように、鎌足が登場する。

ところが、『平安時代史事典』には〝中臣鎌足〟の項も〝藤原鎌足〟の項もない。これを不思議なこと感じるのは私だけだろうか。

『平安時代史事典』は大著、労作で、この本がなければ研究が進まないと言ってもおかしくないほど、我々研究者には重要な本であり、平安時代に関わる重要項目は網羅されていることを当然のように考えてしまう。ところが、ご存知のように、藤原鎌足は推古天皇二十二年（六一四）の生まれで、天智天皇八年（六六九）に没している。つまり、奈良時代にも届かない昔の人なのだ。だから、『平安時代史事典』には立項がない。本書を読んでおられる読者諸氏は『平安時代史事典』がとった立場に賛成されるだろうか。あるいは、『平安時代史事典』に〝藤原鎌足〟の立項がないことを何となく不思議と感じる筆者に同感していただけるだろうか。

この議論は、実は、日本の歴史というものをどう捉えるかという大問題とも関係するのだけれども、我々は、学校では、奈良時代、平安時代といった歴史区分に従って知識を整理しており、それが正しい認識だと弁えている。それを間違いだなどというつもりはもとよりないが、日本の歴史には、大きく見て、明治維新の時ほどの大きな不連続はなく、次に大きな不連続を見つけるとすれば、政権中枢部分の貴族社会から武家社会への転換といった時期がそれにあたるかと思う。そうすると、奈良時代の初発、平安時代の初発は、それなりに大きな画期ではあったけれども、歴史認識というレベルで言えば、綿々と同じテーマが引き継がれていると言って良いのだ。

論を元に戻すと、平安時代の人、特に平安時代後期の人が〝今〟を捉えるためにどういう歴史認識を持っていたかという問題として捉えるならば、奈良時代、平安時代というのは、遷都という現象を捉えての時代区分の名称で、遷都それ自体は、時代を画するほどの歴史的意味認定がされていなかったのではないかと思われてならない。つまり、遷都は多様に行われ、平城京遷都も、平安京遷都もその一つに過ぎない。ここまで断定すると断定し過ぎかもしれないが、少なくとも一時代を画するほどの遷都だとは、当時の人は認定していなかったのではないだろうか。時代を作るのは、むしろ、〝人〟だと捉えたほうが、何となくしっくりいく。その〝人〟が歴史的に綿々たるものを形成していけば、それこそが歴史的特徴を形成することにもなるのだ。だから、皇位継承問題や、藤原鎌足の登場が時代形成に大きく関わることになるのだと言って良い。

六国史が書かれていた以上、当時にも〝歴史〟という概念はあった。その概念が今日の概念とは異なることは、六国史を読んでみて、それが国の成立と沿革を綴るものとは直ちに感じられないというところからも明らかな気がする。『日本書紀』は多分編纂の動機からして歴史記述的に書かれているのだと思う。しかし、後々時代が下るにしたがって、歴史記述というよりは、記録の並列というように近くなっていく。平安時代後期というのは、その六国史がもうすでに書かれなくなっている時代の入口に突入している。まったく書かれなくなっているというのではない。実際に国史として編纂されていないことを言っているのである。そういう時代の歴史感覚というのはどういうものか。それを考えてみたいと思うのが、本書の意図するところである。

二、物　語

平安時代の物語について考え始める前に、『蜻蛉日記』の冒頭を見ておきたい。なお、本書の引用本文はすべて特に異文を意識する必要がある場合を除いて特に底本を書いていない。また、句読点も適宜施し、送り仮名も読みやすくするために加えた。

かくありし時過ぎて、世の中にいとものはかなく、とにもかくにもつかで、世に経る人ありけり。かたちとても人にも似ず、心だましひもあるにもあらで、かうものの要にもあらであるも、ことわりと思ひつつ、ただ臥し起き明かし暮らすままに、世の中におほかる古物語の端などを見れば、世におほかるそらごとだにあり、人にもあらぬ身の上まで書き日記して、めづらしきさまにもありなむ。天下の人の品高きやと、問はむためしにもせよかしとおぼゆるも、過ぎにし年月ごろのことも、おぼつかなかりければ、さてもありぬべきことなん、おほかりける。

自分はいったい何のために生きているのか。人から認められるわけでもなく、何の役にも立たないでいる自分とはいったい何なのかと、ひたすら心の内、内省に深く沈もうとしている。そういう自分からすれば、自分とは異なるところにある作品世界があって、それは古物語なのだが、そこに書かれていることはこの世にありそうもないことばかり。だからせめて本当にあったことを書いたらと思うけれども、世間にまだないことをすると珍妙なことになるだけかもしれない。しかし、身分の高い男はこうなのだというところを事実として示せば、いろいろ思い当ってくださる方もおありかと思う。だから書いてみようとは思うけれども、記憶が定かではないところも多く、当たり外れのない記述で終わってしまうことも多くなってしまった。

少し大雑把になってしまったけれども、『蜻蛉日記』の冒頭の部分を意訳してみた。『蜻蛉日記』より前の物語というと『竹取物語』『伊勢物語』があがってくるが、今に残らない散逸物語が数多くあったことが知られているから、やはりその中心は〝そらごと〟だったのだろうと思われる。『蜻蛉日記』の作者は、〝そらごと〟よりも〝事実〟のほうに高い価値を置いている。それは人の心に響くものとして、人を次の段階に突き動かすものとして力があると信じている体である。

しかし、事実はいわば単品である。一回きりの一つの事実に過ぎない。それを重層的に畳み込んだものが歴史であることは言うまでもない。歴史は結果に過ぎないけれども、関連のあるものないものさまざまとり並べて多様かつ重層的である。しかし、多様かつ重層的な歴史でさえも、そこに綴じられた事実にはその事実の歴史的意味を明快に示すことはあまりない。人の心は意味に感動する。意味があるから記憶もできる。歴史に感動するためには、その一つ一つの事実に意味を付与していかなければならない。その意味は人の感性によって付与される。

『源氏物語』は作り物語である。そこに書かれていることは歴史的事実ではない。ところがはっきり言って根も葉もない〝そらごと〟でもない。そこを説明するためには〝虚構〟という言葉を使うが、〝虚〟は〝そらごと〟でも、〝構〟にはその体をなすための根拠が必要である。それは事実を言うのではない。いわば〝歴史的枠組み〟といったようなもので、そこに意味を生成する秘密がある。

『源氏物語』の冒頭を見ておきたい。

いづれの御時にか、女御更衣あまたさふらひ給ひけるなかに、いとやむごとなききはにはあらぬが、すぐれてときめき給ふありけり。はじめよりわれはと思ひあがり給へる御かたがた、めざましきものにおとしめそねみ給ふ。おなじほど、それより下らうの更衣たちは、ましてやすからず。朝夕の宮仕へにつけても、人の心をうごかし、恨みを負ふつもりにやありけむ、いとあづしくなりゆき、もの心ぼそげに里がちなるを、いよいよあかずあはれなるものに思ほして、人のそしりをもえはばからせ給はず、世のためしにもなりぬべき御もてなしなり。上達部、上人なども、あひなく目をそばめつつ、いとまばゆき人の御覚えなり。もろこしにもかかることの起こりにこそ世も乱れ悪しかりけれと、やうやう天の下にもあぢきなう人のもてなやみぐさになりて、楊貴妃のためしもひきいでつべうなりゆくに、いとはしたなきこと多かれど、かたじけなき御心ばへのたぐひなきをたのみにてまじらひ給ふ。父の大納言は亡くなりて、母北の方なんいにしへの人のよしあるにて、親うち具し、さしあたりて世の覚え花やかなる御かたがたにもおとらず、何事の儀式をももてなし給ひけれど、とりたててはかばかしき御うしろみしなければ、ことある時はなをより所なく心細げなり。
先の世にも御ちぎりや深かりけん、世になく清らなる玉の男皇子さへ生まれ給ひぬ。

いつの時代だったかわからないけれども、帝の周りには大勢の女御や更衣たちがいた。どの天皇の時代かはわからない。しかし、帝の周りに大勢の女御や更衣たちがいたということならば、平安時代の人ならば、今自分が生きて生活している今の時代からそう遠くはない、ほぼ同時代、あるいは少し前のこととして読み始めることになるのではないだろうか。

その女御や更衣たちの中に、周りより抜きん出て上に立つ身分ではない人で、格別に帝の寵愛を得ている人がいた。ここに醸成される雰囲気は、〝羨ましい〟という思いと〝普通ではない〟という警戒心のようなものだろうか。〝羨ましい〟だけなら普通の作り物語の世界と同等だろう。〝普通ではない〟というのは、〝そのままでは済まない〟という動的な可能性をはらむ。それは歴史的な可能性であり、歴史がそのままでは許さないという観点へと通じていくものである。

次に周りが正体を現す。その正体とは嫉妬に狂う女たちであり、恨みを重ねる。その執念はついに寵愛を受けていた一人の女を病に追い込み、里に追いやった。ただ、救いになるかどうか、帝はますます寵愛を傾けた。

いうまでもなく、帝のその行為は救いにならなかった。楊貴妃の例が挙げられ、女はますますひどい目にあうことになった。

帝に愛されていたこの女は、父は大納言だったがもう在世しない。残された母は良くできた人で、娘をきちんと世話をした。だから、何とか凌げそうな可能性はあるものの、力というものを保有する〝後見《うしろみ》〟のない現実には限界がありすぎることは、当時の人々は歴史的に知っていたはずなのである。そのことは物語の文面にも書かれているが、人々は事実として実感していたはずなのである。

そして、その女に美しい男子が生まれた。当然、この子の生涯が歴史的テーマとしてここに設定されたわけである。なによりもそれが、皇位継承に関わる問題だから、『源氏物語』の書かれたこのころにはさまざまな歴史的残照が余韻を響かせていたはずなのである。

三、歴史的展開ということ

『源氏物語』が構想として歴史的枠組みをきっちり用意したことについては、もう少し本文を見ていかなければならない。

いつしかと心もとながらせ給ひて、いそぎまいらせて御覧ずるに、めづらかなるちごの御かたちなり。一のみこは右大臣の女御の御はらにて、よせおもく、うたがひなきまうけのきみと、世にもてかしづき聞ゆれど、この御にほひにはならび給ふべくもあらざりければ、おほかたのやんごとなき御おもひにて、このきみをばわたくしものに思ほしかしづき給ふ事かぎりなし。はじめよりをしなべてのうへ宮づかへし給ふべききはにはあらざりき。おぼえいとやむごとなく、上ずめかしけれど、わりなくまつはさせ給ふあまりに、さるべき御あそびのおりおり、なに事にもゆへあることのふしぶしには、まづまうのぼらせ給ふ。ある時には、おほとのごもりすぐして、やがてさぶらはせ給ひなど、あながちにおまへさらずもてなさせ給ひし程に、をのづからかろきかたにもみえしを、このみこむまれ給ひてのちは、いと心ことにおもほしをきてたれば、坊にも、ようせずは、このみこのゐ給ふべきなめりと、一のみこの女御はおぼしうたがへり。人よりさきにまいり給ひて、やむごとなき御思ひなべてならず。みこたちなどもおはしませば、此御かたの御いさめをのみぞ、なをわづらはしく心ぐるしう思ひ聞えさせ給ひける。かしこき御かげをばたのみきこえながら、おとしめ、きずをもとめ給ふ人はおほく、わが身はかよはく、ものはかなきありさまにて、なかなかなるものおもひをぞし給ふ。御つぼねはきりつぼなり。あまたの御かたがたをすぎさせ給ひつゝ、ひまなき御まへわたりに、人の御こころをつくし給ふも、げにことはりとみえたり。まうのぼり給ふにも、あまりうちしきるおりおりは、うちはしわた殿ここかしこのみちに、あやしきわざをしつつ、御をくりむかへの人のきぬのすそたへがたう、まさなきことどもあり。又ある時は、えさらぬめだうのとをさしこめ、こなたかなた心をあはせて、はしたなめわづらはせ給ふ時もおほかり。ことにふれて、かずしらずくるしきことのみまされば、いといたう思ひわびたるを、いとどあはれと御覧じて、後涼殿にもとよりさふらひ給ふ更衣のざうしを、ほかにうつさせ給ひて、うへつぼねにたまはす。そのうらみましてやらんかたなし。このみこみつになり給ふとし、御はかまぎのこと、一の宮にたてまつりしにをとらず、くらづかさおさめどののものをつくして、いみじうせさせ給ふ。それにつけても、世のそしりのみおほかれど、このみこのをよすけもておはする御かたち心ばへ、ありがたくめづらしきまでみえ給ふを、えそねみあへ給はず、ものの心しり給ふ人は、かかる人も世にいでおはするものなりけりと、あさましきまでめをおどろかし給ふ。

この新しく誕生した皇子には兄がいた。その兄の父は右大臣で〝後見〟という意味では申し分ない。当然、皇位を継承していくのはこの兄である。これが当時の歴史的常識だった。ところが、新しく誕生した玉の男子は、人間としての輝きがこの兄とは違うという。〝にほひ〟というのは現代語になりにくいが、見た目も、人となりも、総体として輝いているという程度の意味かと思う。

その輝きゆえに、帝は新しく生まれた輝くわが子を格別に寵愛し、その結果、皇太子の地位もこの新しく生まれた皇子がついてしまうのではないかと思われるほどになった。

ここに提示されている歴史的テーマは大きく重要である。〝年齢〟〝後見〟という歴史的常識が、父帝の思い入れによってひっくり返る可能性があるというのだ。

作品が提示するこの課題は、多分、歴史的現象として、似たようなことがあったと、読者に類推させたのではないか。ありえないことならば、物語の深さはここまでになってしまう。読者は過去に何かしらそれらしい歴史的事実を回想しようとしたに違いない。それはぴったりの事実である必要はない。ぴったりではなくても、事実を支える原理がほとんど同じとして歴史的回想を楽しんだ人もいるかもしれないのである。歴史的事実はあくまで一回きりのことである。しかし、〝歴史は繰り返す〟ともいう。〝歴史は繰り返す〟というとき、この〝歴史〟は〝事実〟ではない。つまり、〝事実は繰り返さない〟のである。

その帝の皇子への思いは、母の更衣に対する周りのいじめにもかかわらずますます増長し、玉のように輝く皇子は成長するにつれて一段と照り勝るばかりで、歴史的常識が逆転する可能性がどんどん大きくなっていくのである。

四、歴史的類推とは

ここに設定された問題は、まさに皇位継承問題である。歴史力学とでもいえばいいのだろうか、そこには人間力学のようなものも入るように思われるが、基本は男子であり年齢順であること。そして〝後見〟がしっかりしていることである。この二つの要因が、父帝の思いひとつでひっくり返るかもしれない。そのようなことから、思い返される歴史的事実としてはどういうものがあるか。

それは、意外にも簡単にたどられる。

すぐに思い浮かぶのは『栄花物語』の書き出しにも近いところで書かれる記事であり、憲平親王（後の冷泉天皇）が、兄の広平親王を超えて皇太子になったという歴史的事実である。この時、広平親王の祖父は藤原元方であり、大納言であった。元方は生存している。それを、後から生まれた憲平親王が追い越して皇太子になった。天暦四年（九五〇）五月二十四日に生まれた憲平親王が、皇太子になったのは同じ年の七月二十三日である。何をそんなに急いだのか、生後三か月という、命がそのまま続く保証もたいしてなかっただろうと思われるような乳児に、国家の大きな命運が委ねられるという事態になった。広平親王がこの時に何歳だったかについては、後に詳述するが、あまり年の差はないとはいっても、三か月の乳児に比べればかなりしっかりしていたことは間違いない。

憲平親王の祖父は藤原師輔であり、右大臣であった。右大臣と大納言では、公卿補任で調べても階級としては一刻み違うだけである。しかし、右大臣の娘であった安子は女御であり、大納言の娘であった祐姫は更衣だった。女御と更衣とではどれほどの差があるかについては、多分、時代によって異なると思われるが、『源氏物語』が書かれた時代からは遠くない少し昔ならば、違いはあるけれども大きな差異にはならなかったのではないだろうか。しかし、〝後見〟という観点からすれば当然右大臣が上であり、藤原氏の流れからしても師輔のほうが元方よりずっと上になると考えられるので、安子と祐姫との間ということになれば、歴然とした差が認められるというのが、通常の理解というものではなかったかと思われるのである。

また、村上天皇の時代まで遡るまでもなく、一条天皇という至近の時代には、敦康親王という存在があった。敦康親王は敦成親王より十歳ほど年長であり、押しも押されもせぬ兄である。敦康親王の母は中宮までなった定子、敦成親王の母は彰子である。定子の父は藤原道隆で関白にまでなった家柄であり、家格から言って申し分はなかった。しかし、道隆は長徳元年（九九五）四月に飲水病（今の糖尿病）によって薨去しており、兄の伊周は生きて在京の身であるが、流罪の末に召喚された身であり、うだつが上がらない。そういう事情があって、一条天皇が崩御の年には、敦成親王は未だ四歳であったが、敦康親王を越えて皇太子となり、特に大きな問題は起こらなかったかのように見える。

『栄花物語』にはその時の事情について次のように書いている。

巻九〈いはかげ〉の冒頭は、一条天皇の病悩から記す。体調すぐれぬ一条天皇は譲位したいと道長に漏らす。しかし、道長は許さない。そうこうするうちに容態はますます悪くなり、何事もご判断が可能な間に譲位に関わる事柄を決めておこうと、道長は心を決めた。帝が譲位のことを急かすと、道長は、まずは東宮（後の三条天皇）と対面されていろいろご相談になるのが通例であるとして、日程を整える。そのところに『栄花物語』はこう書いている。

一条天皇火葬塚（現京都市北区衣笠鏡石町）

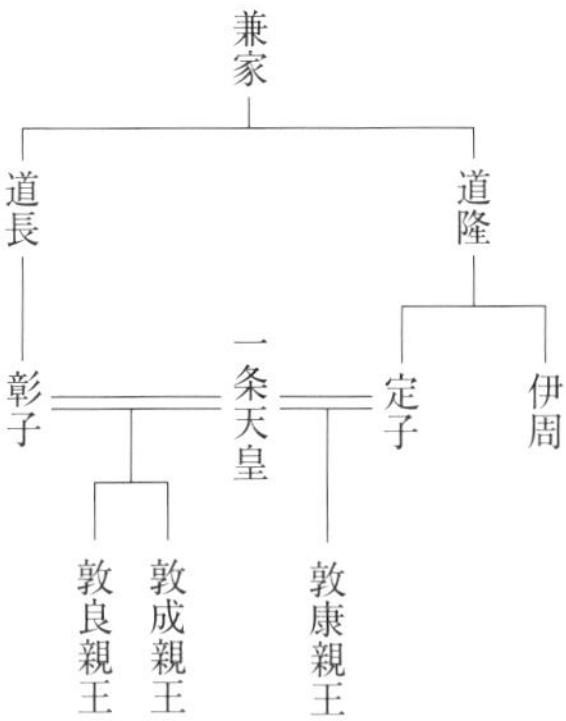

図1　敦康・敦成関係図

「春宮に御対面こそは例の事なれ」とて、おぼし掟てさせ給ふ程も、「春宮には一の宮をとこそおぼしめすらめ」と、中宮の御心の中にもおぼし掟てさせ給へるに、上在しまして、春宮の御対面急がせ給ふに、世人「いかなべいことにか」と、ゆかしう申し思ふに、一の宮の御方ざまの人びと、「若宮かくて頼しくいみじき御仲より光り出でさせ給へる、いとわづらはしく、さやうにこそは」と思ひきこえさせたり。又あるいは、「いでや」など、推し量りきこえさせたり。

次期東宮には敦康親王をと帝は考えておられるのではないかと、中宮彰子もほぼ腹を決めていた。しかし、世間の人は、帝と東宮の対面の準備が進む間に、いろいろ噂をして、敦康側の人は、敦成親王が帝と中宮との〝いみじき御仲〟（素晴らしいご縁）によって輝き出られたのだから、つらいけれど、やはり次期東宮は敦成のほうだと思っていた。

ここの「若宮かくて頼しくいみじき御仲より光り出でさせ給へる」という文言を、『源氏物語』冒頭部に近いところの「先の世にも御ちぎりや深かりけん、世になく清らなる玉の男皇子さへ生まれ給ひぬ。」という文言と重ねて味わうとき、光源氏の歴史的設定は、時代の趨勢としてここの敦成親王の幸いと重なる感じもあるのだと読めるように思われてならない。

ただ、言うまでもないことであるが、光源氏には後見はなく、敦成親王には頼もしい限りの後見がある。しかし、ここでは、敦康親王のほうに後見がない。だから、歴史的事実としての敦康親王と敦成親王の事情を、『源氏物語』では、よりドラマチックに混在させたのかというふうにも解釈されたりするのである。

さて、敦康親王と敦成親王の関係について、もう一度、正確に見ておきたい。関白兼家は正暦元年（九九〇）に薨去。その長子道隆は長徳元年（九九五）に薨去。定子は長保二年（一〇〇〇）に崩御。伊周は寛弘七年（一〇一〇）に薨去。今、皇位継承問題が起きているこの年は寛弘八年であり、この系図に載る人物は、その四人以外は生存している。定子には弟の隆家がいるが、後見としては弱い。こうして見てくると、敦康親王側には、皇位継承という重大事を前にして、有利なことは何一つない。

『栄花物語』は、続いて帝と東宮の対話を記し、次のように書いている。

さて渡らせ給へれば、御簾越に御対面ありて、あるべきことども申させ給ふ。世にはをどろをどろしう聞えさせつれど、いとさはやかによろづの事聞えさせ給へば、「世の人のそら事をもしけるかな」と、宮はおぼさるべし。「位も譲りきこえさせ侍りぬれば、春宮には若宮をなんものすべう侍る。道理のままならば、帥の宮をこそはと思ひ侍れど、はかばかしき後見なども侍らねばなん。おほかたの御まつり事にも、年頃親しくなど侍りつる男どもに、御用意あるべきものなり。みだり心地おこたるまでも、本意遂げ侍りなんとし侍り。又さらぬまでもあるべき心地もし侍らず」など、さまざまあはれに申させ給ふ。春宮も御目拭はせ給ふべし。さて帰らせ給ひぬ。

帝が思いのほか元気なので、世間の帝が危ないという評判を東宮は嘘だと思ったというのは、ここに下された帝の意向が、病魔ゆえに苦し紛れに下されたものなのではないという意味を持たせている。ここに二つの概念が衝突する。ひとつは〝道理のまま〟であり、もう一つは〝はかばかしき後見〟である。〝道理のまま〟ならば敦康親王が次期東宮に立つべきである。これは年齢を軸とした判断であり、一つの歴史的常識である。しかし、現実論として〝はかばかしき後見〟が敦康親王にはいない。それゆえ、ここでは、もう一つの歴史的常識としての後見論が客観的な判断として採用されているのである。

帝の溺れるような主観的愛情ではないが、帝の判断が、一つの歴史的常識を覆した一つの例として、当時の人々は思い起こしたに違いないのである。

『栄花物語』では、この間の事情について、さらに念を押すように道長と彰子との対話を書く。

中宮は若宮の御事の定りぬるを、例の人におはしまさば、ぜひなく嬉しうこそはおぼしめすべきを、「上は道理のままにとこそはおぼしつらめ。かの宮も、さりともさやうにこそはあらめとおぼしつらんに、かく世の響により、引き違へおぼし掟てつるにこそあらめ。さりともと御心の中の嘆かしう安からぬ事には、これをこそおぼしめすらんに、いみじう心苦しういとをしう。若宮はまだいと稚く在しませば、自ら御宿世に任せてありなんものを」など、おぼしめいて、殿の御前にも、「猶この事いかでさらでありにしがなとなん思ひ侍る。かの御心の中には、年頃おぼしめしつらん事の違ふをなん、いと心苦しうわりなき」など、泣く泣くといふばかりに申させ給へば、殿の御前、

「げにいと有難き事にもおはしますかな。又さるべき事なれば、げにと思ひ給へてなん掟てつかうまつるべきを、上在しまして、あべい事どもをつぶつぶと仰せらるるに、『いな、猶悪しう仰せらるる事なり。次第にこそ』と奏し返すべき事にも侍らず。世中いとはかなう侍れば、かくて世に侍る折、さやうならん御有様と見奉り侍りなば、後の世も思ひなく心安くてこそ侍らめとなん思ひ給ふる」と申させ給へば、又これもことわりの御事なれば、返し聞えさせ給はず。

会話文なので指示語も多く、少し丁寧に意味を取っていきたい。

中宮彰子は自らが生んだ若宮敦成親王が、帝の意向によって次期皇太子に決まったことに対して、普通の人情に流れる人であったならば、是非もなく嬉しく思われるはずなのだけれども、人の気持ちを汲む立派なお人柄であったから、父の道長に対して疑問を投げかけた。

帝は本心のところでは道理のままに決めるべきだとお思いのはずだ。また、敦康親王ご本人も、いくらなんでも自分が次期東宮であるに違いないとお思いだと思われる。それなのに、世の中の勢いによって、帝はあるべきこととは逆にお決めになったのだろう。

いくら何でも自分が次期東宮だと思っておられ、実際には違う決定がなされて嘆かわしく動揺しておられることとはこのことなのだ。何とお気の毒なことか。敦成親王はまだ幼いから、定めに任せて生きていけば道は開けるだろう。

そのように、彰子は道長に伝え、さらに続けた。このことは何とかして撤回していただきたい。敦康親王の心中は、長年思い続けてきたことが裏切られて、本当にどうしようもなくお気の毒だ、と泣かんばかりに言った。

こういう娘彰子を道長は褒めた。その心遣いは立派だ。確かにその通りだから、その通りに決定していってもよさそうなものだが、帝が病身を押して対話の場においでになり、こうするのが良いとこまごまと仰せになっているときに、間違っておられます、順番通りにしていただきたいと、反対の意見を申し立てることではない。世の中、いつどうなるかわからない。こうして生きている間に、この皇子はこうなるべき人だったのだとお姿を見守り申し上げたならば、あの世に行っても心配なく、安心していられるだろうと思う。そのように道長は言った。

道長の言うことは、それも理屈だからと思って、彰子はそれ以上は反論しなかった。

ここの対話では、〝道理〟と〝ことわり〟が対峙している。〝道理〟が歴史的理念とでもいうべきなのに対し、〝ことわり〟のほうは、歴史的常識というよりも、人情論とでもいうべきなのだろう。『栄花物語』の記述は実に念が入っていると感じる。

帝の意向によって皇位継承が決定されたとはいえ、決して恣意に流れたわけではないと、こんこんと説明しているのである。

五、帝の意向が皇位継承の原則を変える

壬申の乱という皇位継承問題に絡む内乱がある。

壬申の乱について、平安時代の人々が知らなかったはずはないのであるが、平安時代の文筆で壬申の乱について触れたものは何もないのではないだろうか。これは、基本的に、皇位継承問題というのは、史実として人々が日常的に話題にすることは避けていた証のように思われてならない。『源氏物語』は、人々が関心はありながら、どこか遠慮しながら眺めていた、そういう問題を、虚構という形で、つまり、事実ではない話として、形象してみせたのだと思われる。そして、そういう内容を持つ『源氏物語』が人々の間に受け入れられたからこそ、『栄花物語』が事実として様々な歴史上の問題を書くことができた。時代の推移とはそういうものだったのではないだろうか。

大津宮正殿（現大津市錦織の錦織遺跡）

さて、壬申の乱は、平安時代には、どういう内実を持つ内乱として受け止められていたのだろうか。

何はともあれ『日本書紀』に書かれている天武天皇の即位前記を

みておきたい。訓読文で示しておこう。日本古典文学大系によって示すところである。

天渟中原瀛真人天皇《あまのぬなはらおきのまひとのすめらみこと》　上《かみのまき》　天武天皇《てんむてんわう》

天渟中渟中、此《これ》をば農難《ぬな》と云《い》ふ。原瀛真人天皇は、天命開別天皇《あめみことひらかすわけのすめらみこと》の同母弟《いろど》なり。幼《わか》くましまししときには大海人皇子《おほしあまのみこ》と曰《まう》す。生《あ》れましましより岐嶷《いこよか》なる姿《みすがた》有《あ》り。壮《をとこざかり》に及《いた》りて雄抜《をを》しく神武《たけ》し。天文《てんもん》・遁《どん》甲《かふ》に能《よ》し。天命開別天皇の女《みむすめ》菟野《うのの》皇女《ひめみこ》を納《い》れて、正妃《むかひめ》としたまふ。天命開別天皇の元年《はじめのとし》に、立《た》ちて東宮《まうけのきみ》と為《な》りたまふ。

四年の冬十月《ふゆかむなづき》の庚辰《かのえたつのひ》に、天皇《すめらみこと》、臥病《みやまひ》したまひて、痛《いた》みたまふこと甚《はなはだ》し。是《ここ》に、蘇賀臣安麻侶《そがのおみやすまろ》を遣《つかは》して、東宮を召《め》して、大殿《おほとの》に引《ひ》き入《い》る。時《とき》に安摩侶《やすまろ》は、素《もと》より東宮の好《よみ》したまふ所《ところ》なり。密《ひそか》に東宮を顧《かへり》みたてまつりて曰《まう》さく、「有意《こころしら》ひて言《のたま》へ」とまうす。東宮、茲《ここ》に、隠《かく》せる謀《はかりこと》有らむことを疑《うたが》ひて慎《つつし》みたまふ。天皇、東宮に勅《みことのり》して鴻業《あまつひつぎのこと》を授《さづ》く。乃《すなは》ち辞譲《いな》びて曰《まうしたま》はく、「臣《やつかれ》が不幸《さいはひな》き、元《もと》より多《さは》の病《やまひ》有り。何《いか》に能《よ》く社稷《くにいへ》を保《たも》たむ。願《ねが》はくは、陛下《きみ》、天下《あめのした》を挙《あ》げて皇后《きさき》に附《よ》せたまへ。仍《なほ》、大《おほ》友《ともの》皇子《みこ》を立てて、儲君《まうけのきみ》としたまへ。臣《やつかれ》は、今日《けふ》出家《いへで》して、陛下《きみ》の為《みため》に、功徳《のりのこと》を修《おこな》はむ」とまうしたまふ。天皇、聴《ゆる》したまふ。即日《そのひ》に、出家して法服《のりのころも》をきたまふ。因《よ》りて以《も》て、私《わたくし》の兵器《つはもの》を収《と》りて、悉《ことごとく》に司《おほやけ》に納《をさ》めたまふ。壬午《みづのえうまのひ》に、吉野宮《よしののみや》に入《い》りたまふ。

天智天皇の同母弟である天武天皇の即位前記である。

天武天皇は即位前は大海人皇子といったが、天智天皇が即位したとき、同時に皇太弟になったとされる。天智天皇の即位は天智七年（六六八）であり、天智天皇は即位以前は称制によって事実上の帝位にあった。したがって、天智天皇は在位十年という把握でよく、『日本書紀』もそういう書き方をしている。

さて、天武天皇であるが、人格、容貌に優れていることは即位前記であるから当然のこととして、「天命開別天皇の元年に、立ちて東宮と為りたまふ」とあるように、天智天皇が崩御するときに東宮であった。だから、天智天皇の病が重くなり、譲位が近くなったと考えたとき、蘇賀臣安麻侶に大海人皇子を呼びに行かせた。最後の意思を伝えるべくという、ごくごく通常の形であったのかと思われる。これは、先に紹介した、一条天皇が三条天皇と譲位に関わる話をしたのとまったく同じであることに注目してよいと思う。

蘇賀臣安麻侶はもともと東宮と親密であったので、「有意《こころしら》ひて言《のたま》へ」と忠告したという。これは用心して話せということであろう。もっと言えば、いい加減な気持ちでいると命を失いかねないとでもいうような裏の意味が込められているように感じられる。

天智天皇が言った言葉は極めて普通である。自分の後はお前がこの国を治めろという。「鴻業」とは大きな仕事という意味の言葉だが、ここでは皇位継承のことを言っているので「あまつひつぎのこと」と訓んでいるのである。天皇が東宮にいう言葉としては当たり前すぎる言葉なのだが、これを喜んで受けてはいけないと大海人皇子は悟った。「社稷」というのは中国古代に由来する言葉だが、意味として

宇治橋現状（古代の宇治橋は上流の塔ノ島に架けられていた）

は国家を表わす。自分は病がちでとてもこの国を引き受けられない。続けて言う。大友皇子に皇位を継承させていただきたい。自分は出家して、陛下の功徳を修したいと。天智天皇はこれを許し、大海人皇子は吉野に身を引いた。

その場の緊張感が伝わるようだが、大海人皇子はその場の趣旨をとっさに読み取ってうまく対応したという話なのである。

この先をもう少し読んでおきたい。

時に左大臣《ひだりのおほまへつきみ》蘇賀赤兄臣《そがのあかえのおみ》・右大臣《みぎのおほまへつきみ》中臣金連《なかとみのかねのむらじ》、及《およ》び大納言《おほきものまうすつかさ》蘇賀果安臣《そがのはたやすのおみ》等送りたてまつる。菟道《うぢ》より返《かへ》る。或《あるひと》の曰《い》はく、「虎《とら》に翼《つばさ》を着《つ》けて放《はな》てり」といふ。

時の臣下たちは大海人皇子を宇治まで見送った。そして帰り道に誰かがつぶやいた。虎に羽を付けて野に放ったようなものだと。この表現の中に、天武天皇の本音がはっきりと読み取れるように思われる。すなわち、大海人皇子は必ず自ら帝位につくべく叛旗を翻し、実力行使をするであろうというのである。

こうして、壬申の乱は起こるのである。

実は、大友皇子は天智十年の一月に太政大臣になっている。このころの太政大臣というのは、皇太子相当というか、次の継承者という意味が色濃くあった。天智天皇はその年の十二月に崩御している。つまり、天武天皇を呼んで話をするときには、天智天皇はすでに露骨に自分の意思を示していたのである。だから、天武天皇は間違えることはなかった。

天皇の意思によって、皇位継承者が変わる歴史的事件としては、じつはこんなに古くから日本の国の原点のようにしてあったのであり、不思議なことに、その時代は平安時代を形象する藤原氏の祖鎌足が活躍して生命を閉じた時期でもあり、この歴史的時期を認識せずして、平安時代の歴史意識は語れないのである。

そして、『源氏物語』が持つ視界は、確実に壬申の乱あたりまでは捉えていたのであり、読者である人々の反応も、知識としての皇位継承問題を通して、強い関心なり好奇心なりを向けることになったのである。

六、周辺の情報

平安時代は、今日のように、様々な文献が各個人の生活環境のところに身近にあったわけではなく、一部の知識人が、個人的なレベルの知的環境を保持していたにすぎないのではないかと思われる。そういう中に国史である『日本書紀』などはあったと仮定しておかしくはないと思われる。ただ、印刷技術が広汎に広がった時代などではないので、書写する環境を家中に整備できなければ、十分に知的な情報を得られなかったのではないかと思われる。

ただ、そうした中に、皇室関係の情報は比較的豊かな情報が記載されており、そういう知的環境を活用しえた人物であるならば、特に皇位継承問題などについては、かなり正確に歴史的回想を楽しむことができたのではないかと思われる。

しかしそこは事実が網羅的に尽くされているわけではなく、口外無用のことというのは常にどういうものにもあるものなのであって、場合によっては、事実どおりではなく、かなり作り上げられた記述が混じっていても、そうおかしくはないことなのではないだろうか。そして、そこは、徹底的にほじくり返すことはせず、提供された情報をもとに、いかなる事実があったのかを回想するというのが、平安時代人の歴史とのかかわり方であったと思われてならない。ほじくり返すには別の根拠が必要になってくるが、少なくとも平安時代には、全体としてそれほど豊かな情報があったとは思われないので、やはり、提供されている情報をもとにという範囲に限られることが多かったと考えるのが、正解なのであろう。

しかし、壬申の乱について言えば、その関連情報は『万葉集』や『懐風藻』など、かなり豊かに話が広がっていることに気が付く。

まずは、額田王だろうか。

額田王は大海人皇子に愛され、十市皇女という一女を儲けた。しかし、後には天智天皇に愛される。このことはよく知られており、次の『万葉集』の歌もよく知られていると思う。

蒲生野故地（現滋賀県東近江市の久保田山古墳から）

天皇、蒲生野に遊猟《みかり》する時に、額田王の作る歌

茜さす　むらさきのゆき　しめのゆき　野守はみずや　君が袖ふる（20）

皇太子の答ふる御歌明日香宮に天の下治めたまふ天皇、諡《おくりな》を天武天皇といふ

紫の　にほへる妹を　にくくあらば　ひとづまゆゑに　あれ恋ひめやも（21）

紀に曰く、「天皇の七年丁卯の夏五月五日、於蒲生野に縦猟《みかり》す、時に、大皇弟《ひつぎのみこ》・諸王《おほきみたち》・内臣《うちのまへつきみ》、また、群臣《まへつきみたち》皆悉従ふ」といふ。

『万葉集』では天智天皇の御代の歌を並べる最後に置かれている。

歴史研究者たちは壬申の乱に絡めてこの歌を取り上げることはあまりない。しかし、文学の側から歴史を見ていると、この歌はやはり避けて通れないように思われる。

状況は、天智天皇が狩りに出た。供の者は大勢。そこに額田王がいた。一行の中にはかつて愛されたことのある大海人皇子（のちの天武天皇）がいて、皇子が袖を振ってくれた。言うまでもなく、愛しているとの意思表示である。それに対して、額田王が歌で応じた。人が見ているではありませんか。それに皇子は応じた。憎くなんか思ってはいない。人妻になったからといって、恋しく思わないわけがない、と。さらに、『万葉集』は『日本書紀』の記事を引いて、そういう光景が衆目の前にあったかのごとく説明している。

注目したいのは、ここにある豊かな幅のある人間性である。まさかとは思うが、この場面をもって天智天皇と天武天皇との感情的対立を言おうとする人はないと思う。

当時の性的感覚はなかなかわからないものだが、ここには一人の女性を巡って男が対立している下世話な品格はない。むしろ感じられるのは、額田王の恥じらいとそれを大きく包む大海人皇子の感情であり、天智天皇はその光景を見ているかいないかはわからないが、いわば王権の許容の幅で包摂しているように感じられる。少なくとも、『日本書紀』は誇らしい我が国の一面を記述しているとしか思えない。また、本人の内省までは分からないものであって、我々は残された文面から受ける印象を大事にしながら事態や実状を把握するしかないと思われるのである。

『万葉集』ではこれに続いて天武天皇時代の歌を並べ、最初に十市皇女《とをちのひめみこ》が伊勢に赴いたときに詠まれた歌を載せる。この十市皇女は、大海人皇子と額田王の間に生まれた皇女であり、天智天皇の皇子大友皇子の妃となった人である。大友皇子との間に葛野王を儲けた。しかしながら、夫の死という形で壬申の乱の結末を迎え、乱の悲劇をまともに受けた人物なのである。『万葉集』のこの辺の記事の配置には、歴史的な出来事を意識した目が働いているように感じられてならない。

『懐風藻』には大友皇子を映した漢詩が冒頭にある。『懐風藻』からの引用は辰巳正明著『懐風藻全注釈』により、少し私に改めた。

皇太子《こうたいし》は、淡海帝《おうみてい》の長子《ちょうし》なり。魁岸奇偉《かいがんきい》、風範弘深《ふうはんこうしん》なり。眼中精耀《がんちゅうせいよう》、顧盼煒燁《こべんいよう》なり。唐使《とうし》の劉徳《りゅうとく》高《こう》見て異《あや》しみて曰《いわ》く、「此の皇子《おうじ》は風骨世間《ふうこつせけん》の人に似《に》ず。実《じつ》に此の国の分《ぶん》に非《あら》ず」と。嘗《かつ》て夜《よる》に夢《ゆめ》みる。天中洞啓《てんちゅうとうけい》し、朱衣《しゅい》の老翁《ろうおう》日を捧《ささ》げて至《いた》り、擎《ささ》げて皇子に授《さず》く。忽ち人有り、腋底《えきてい》より出来《しゅったい》す。便《すなわ》ち奪《うば》いて将《も》ち去《さ》る。覚《さ》めて驚き異《あや》しみ、具《つぶさ》に藤原内大臣《ふじわらのないだいじん》に語る。嘆じて曰く、「恐るらくは聖朝万歳《せいちょうばんざい》の後、巨猾《きょかつ》の間釁《かんきん》有らん。然《しか》れども臣平生《しんへいぜい》曰く、豈《あ》に此の如き事有らんや。臣聞く、天《てん》道《どう》は親無《しんな》し、惟《こ》れ然あるは是《こ》れ輔《たす》くと。願わくは大王《だいおう》勤めて徳を修めよ。災異《さいい》憂うるに足《た》らざるなり。臣に息女《そくじょ》有り。願わくは後庭《こうてい》に納《い》れ、以《もち》て箕帚《きそう》の妾《しょう》に充《あ》てよ」。遂に姻戚《いんせき》を結び、以《もち》てこれを親愛《しんあい》す。年甫《としわか》く弱冠《じゃっかん》にして、太政大臣《だいじょうだいじん》を拝す。百揆《ひゃくき》を摠《す》べて以《もち》てこれを試《こころ》みる。皇子は博学多通《はくがくたつう》にして、文武の材幹《さいかん》有り。始めて万機《ばんき》を親《みずか》らにす。群下畏服《ぐんかゐふく》し、肅然《しゅくぜん》たらざるは莫《な》し。年廿三、立ちて皇太子と為《な》る。広く学士沙宅紹明《さたくしょうめい》・塔本春初《とうほんしゅんしょ》・吉太尚《きちたいしょう》・許率母《こそつも》・木素貴子《もくそきし》等を延《ひ》きて、以《もち》て賓客《ひんかく》と為す。太子は天性明悟《てんせいめいご》、雅《つね》に博古《はくこ》を愛す。筆《ふで》を下《くだ》せば章《しょう》を成し、言《げん》を出《いだ》せば論《ろん》を為《な》す。時に議《ぎ》する者《もの》は其の洪学《こうがく》を嘆《なげ》く。未《いま》だ幾《いく》ばくもなくして文藻《ぶんそう》日に新《あらた》し。壬申《じんしん》の年の乱《らん》に会い、天命遂《と》げず。時に年廿五。

詳細な解釈は必要ないであろう。主なところを一通り解釈すれば、以下のようになろうか。

大友皇子は天智天皇の長子である。体格・風貌は立派であり、目の輝きは素晴らしい。唐の使者劉徳高が皇子を見てこういった。「この国の人とは思えない」と。皇子は不思議な夢を見たことがあった。天が割れ老翁が現れて、手に持っていた太陽を皇子に捧げた。すると、腋から人が現れて、太陽を奪い立ち去った。その夢のことを内大臣藤原鎌足に語ったところ、鎌足はこう言った。「天智天皇の御代の後、狡猾な悪者が現れるというのでしょう。しかし、普段から申し上げているように、そのようなことは起こりません。聞くところによれば、天道というものは特定の誰かに与することはなく、しかるべき人を助けるのです。あなた様は徳をお修めなさい。そうすれば、災異ですら憂える必要はありません。私に娘がいます。どうか、後宮に入れて、お世話をさせてください。」と。遂に皇子は大臣家と姻戚関係を結んだ。皇子は若くして太政大臣を授けられ、百官を統括した。皇子は博学多通、文武をよく修め、群臣は従った。皇子は二十三で皇太子となり、名学士達からよく学んだ。性格は明るく、古を愛し、文筆に優れ、論議に長けていた。しかしながら、壬申の乱において失命。時に二十五歳であった。

この大友皇子が見た夢と壬申の乱とを直接絡めて考えることは必ずしも正しくはないのかもしれないが、壬申の乱に絡んで狡猾な悪者が存在したとは誰しもが考えることではないだろうか。その正体は当然天武天皇ではなく、皇位を私物化しようとした重臣たちであり、その悪者たちをここの「巨猾」（狡猾な悪者）と重ねることによって、『日本書紀』の記事と、壬申の乱に関わる時代の総体が明らかに理解されるように思われる。

『日本書紀』は壬申の乱の後処理として、天武元年の条に次のように記す。

癸丑《みづのとのうしのひ》（七月二十四日）に、諸の将軍等《いくさのきみたち》、悉《ことごとく》に筱浪《ささなみ》に会《つど》ひて、左右大臣《ひだりみぎのおほまへつきみ》、及《およ》び諸の罪人等《つみびとども》を探《あなぐ》り捕《と》る。乙卯《きのとのうのひ》（二十六日）に、将軍等《いくさのきみたち》、不破宮《ふはのみや》に向《まう》づ。因《よ》りて大友皇子《おほとものみこ》の頭《かしら》を捧《ささ》げて、営《いほり》の前《まへ》に献《たてまつ》りぬ。八月《はつき》の庚申《かのえさる》の朔《ついたち》甲申《きのえさるのひ》（二十五日）に、高市皇子《たけちのみこ》に命《みことのり》して、近江《あふみ》の群臣《まへつきみたち》の犯《あやま》つ状《かたち》を宣《の》らしめたまふ。則《すなは》ち重罪八人《おもきつみやたり》を極刑《しぬるつみ》に坐《お》く。仍《なほ》、右大臣《みぎのおほまへつきみ》中臣連金《なかとみのむらじかね》を浅井《あさゐ》の田根《たね》に斬《き》る。是《こ》の日《ひ》に、左大臣《ひだりのおほまへつきみ》蘇我臣赤兄《そがのおみあかえ》・大納言《おほきものまうすつかさ》巨勢臣比等《こせのおみひと》、及び子孫《うみのこ》、幷《あはせ》て中臣連金が子《こ》、蘇我臣果安《そがのおみはたやす》が子、悉《ことごとく》に配流《なが》す。以余《これよりほか》は悉に赦《ゆる》す。是《これ》より先《さき》に、尾張国司守《をはりのくにのみこともちのかみ》少子部連鉤《ちひさこべのむらじさひち》、山《やま》に匿《かく》れて自《みづか》ら死《みう》せぬ。天皇《すめらみこと》の曰《のたま》はく、「鉤《さひち》は有功《いさを》しき者《もの》なり。罪無《つみな》くして何《いかに》ぞ自ら死《し》なむ。其《そ》れ隠謀《かくせるはかりこと》有《あ》りしか」とのたまふ。

七月二十四日に天武側の将軍たちは近江朝側の大臣たちを捕え、二十六日には自害した大友皇子の首を天武側の拠点であった不破宮の本営に献上した。そして翌月二十五日、天武の長子高市皇子に詔して八人を死罪とした。『公卿補任』の記事からして中臣金はこの八人に入っていたが、斬死という形が他の七人と異なるからか、右大臣中臣金を斬死したと特に書き立てている。そして、左大臣蘇我赤兄以下については子孫ともども配流し、中臣金と蘇我果安の子についても配流して、他は赦免としている。このことに関係する記事としては、『公卿補任』の天武天皇条に以下のようにある。

左大臣　大錦上　蘇我赤兄臣（元年八月被配流〈年五十〉。依大友皇子事也〈在官二年〉。号蔵大臣。）
右大臣　大錦上　中臣金連（元年八月被誅。在官二年。或本。天皇元年五月与大友皇子等将襲吉野宮。七月軍不利。皇子自縊。八月右大臣金連等八人刑被誅。）
大納言　蘇我果安臣（元年八月改御史大夫官号為大納言。八月坐事伏誅。在官二年。）
巨勢比登臣（元年八月改御史大夫官為大納言。八月坐事配流。在官二年。）

こうした乱の後処理の中に、大友皇子が見た夢の意味する悪者のイメージも重ねられ、大友皇子が一旦受け取った太陽（皇位を継承したという事実）がたちまちにして奪い去られてしまう（皇位を継承できなくなる）という意味合いに重ねられて、壬申の乱の全体が理解されるという形になっていると思われる。

七、高市皇子のこと

壬申の乱は、国家の体制を左右するという意味では相当に大きい事件であったことは間違いない。しかし、乱そのものは内乱であり、国家の滅亡へと向かうベクトルはなかったと思われる。ただ、内乱というものは、内内の大きな混乱を招いたことは必至であり、乱後の統治もさまざまに困難な諸問題を抱えたものと思われる。少なくとも、対外国に向けての戦いならば、国内はそれなりに結束することが可能なのであるが、そうではないところが、この内乱というものの何とも厄介な側面なのである。

壬申の乱において、特筆すべき軍功があったように言われる人物は高市皇子である。高市皇子は天武天皇の長子でありながら、第一の皇子という待遇を受けられず、草壁皇子、大津皇子に次いで第三位であったとされている。それはやはり母親の家系が宗形氏ということで、身分としては高くなかったことが影響しているように思われる。もっとも、天智天皇の時代、天皇の軍が白村江の戦いに敗れたことはよく知られているが、それからも知られるように、日本が朝鮮半島への侵攻を企てていた当時にあっては、宗像神社は重要な位置を占めていた。その限りにおいては、身分が低いということはない。しかし、草壁皇子、大津皇子は母はそれぞれ持統天皇、大田皇女であり、ともに天智天皇の皇女であることに鑑みれば、高市皇子の第三位は致し方のない位置であったといえようか。

その高市皇子は壬申の乱における軍功もさることながら、人望も相当に厚かったと思われ、持統四年（六九〇）には太政大臣に任じられ、皇位継承者の位置についた。

第三位の高市皇子がなぜ皇位継承者の位置についたかというと、その皇位継承者の位置につく四年前にすでに大津皇子は亡くなっており、その前年、皇太子であった草壁皇子が没したからである。

大津皇子、草壁皇子の話は後にするとして、今は高市皇子の話を続けたい。

高市皇子は草壁皇子より九歳年上であり、大津皇子より十歳年上である。壬申の乱のとき、高市皇子は十九歳であり、草壁皇子、大津皇子が軍功を挙げるべくもなかったことは容易に推察できる。だから、人望はむしろ高市皇子に集まった。そして、皇位継承者にまでなったのである。

ところが、六年後、高市皇子も没する。その時の悲泣する気持ちを読み上げた柿本人麻呂の『万葉集』199番歌は非常に有名である。

高市皇子尊《たけちのみこのみこと》の城上《きのへ》の殯宮《あらきのみや》の時に、柿本朝臣人麻呂の作る歌一首　并せて短歌

かけまくも　ゆゆしきかも一に云ふ、ゆゆしけれども　言はまくも　あやに恐《かしこ》き　明日香《あすか》の　真神《まかみ》の原
に　ひさかたの　天つ御門《みかど》を　恐《かしこ》くも　定めたまひて　神《かむ》さぶと　岩隠《いはがく》ります　やすみしし　我が
大君の　きこしめす　背面《そとも》の国の　真木《まき》立つ　不破山《ふはやま》越えて　高麗剣《こまつるぎ》　和射見《わざみ》が原の　行宮《かりみや》に　天《あ》
降《も》りいまして　天の下　治めたまひ一に云ふ、払《はら》ひたまひて　食国《をすくに》を　定めたまふと　鶏《とり》が鳴く　東《あづま》の
国の　御軍士《みいくさ》を　召したまひて　ちはやぶる　人を和《やは》せと　まつろはぬ　国を治《をさ》めと一に云ふ、払へ
と　皇子《みこ》ながら　任《ま》けたまへば　大御身《おほみみ》に　太刀《たち》取り佩《は》かし　大御手《おほみて》に　弓取り持たし　御軍士を
あどもひたまひ　整《ととの》ふる　鼓《つづみ》の音は　雷《いかづち》の　声《こゑ》と聞くまで　吹き鳴《な》せる　小角《くだ》の音も一に云ふ、笛の
音は　あたみたる　虎か吼《ほ》ゆると　諸人《もろひと》の　おびゆるまでに一に云ふ、聞き惑ふまで　ささげたる　旗《はた》
のなびきは　冬ごもり　春さり来れば　野ごとに　つきてある火の一に云ふ、冬ごもり　春野焼く火の
風のむた　なびかふごとく　取り持てる　弓弭《ゆはず》の騒き　み雪降る　冬の林に一に云ふ、木綿《ゆふ》の林　つむ
じかも　い巻き渡ると　思ふまで　聞きの恐《かしこ》く一に云ふ、諸人の見惑ふまでに　引き放つ　矢のしげけく
大雪の　乱れて来《きた》れ一に云ふ、霰なす　そちより来れば　まつろはず　立ち向かひしも　露霜《つゆしも》の　消《け》なば
消ぬべく　行く鳥の　あらそふはしに一に云ふ、朝霜の　消《け》なば消《け》と言ふに　うつせみと　争ふはしに　渡会《わたらひ》の
斎宮《いつきのみや》ゆ　神風《かむかぜ》に　い吹き惑《まと》はし　天雲《あまくも》を　日の目も見せず　常闇《とこやみ》に　覆《おほ》ひたまひて　定めてし

瑞穂《みづほ》の国を　神《かむ》ながら　太敷きまして　やすみしし　我が大君《おほきみ》の　天の下　奏《まを》したまへば　万代《よろづよ》に　然《しか》しもあらむと一に云ふ、かくしもあらむと　木綿花《ゆふはな》の　栄ゆる時に　我が大君　皇子《みこ》の御門《みかど》を一に云ふ、さす竹の　皇子の御門を　神宮《かむみや》に　装《よそ》ひまつりて　使はしし　御門の人も　白《しろ》たへの　麻衣着《あさごろもき》て　埴《はに》安《やす》の　御門の原に　あかねさす　日のことごと　鹿《しし》じもの　い這《は》ひ伏しつつ　ぬばたまの　夕《ゆふべ》に至れば　大殿《おほとの》を　振り放《さ》け見つつ　鶉《うづら》なす　い這ひもとほり　侍《さもら》へど　侍《さもら》ひえねば　春鳥の　さまよひぬれば　嘆きも　いまだ過ぎぬに　思《おも》ひも　いまだ尽きねば　言《こと》さへく　百済《くだら》の原ゆ　神葬《かむはぶ》り　葬《はぶ》りいませて　麻裳《あさも》よし　城上《きのへ》の宮を　常宮《とこみや》と　高くしたてて　神ながら　しづまりましぬ　しかれども　我が大君の　万代と　思ほしめして　作らしし　香具山《かぐやま》の宮　万代《よろづよ》に　過ぎむと思へや　天のごと　振り放《さ》け見つつ　玉だすき　かけて偲《しの》はむ　恐《かしこ》くありとも

短歌二首

ひさかたの天《あめ》知らしぬる君故《ゆゑ》に日月も知らず恋ひ渡るかも　(200)

埴安《はにやす》の池の堤《つつみ》の隠沼《こもりぬ》の行方《ゆくへ》を知らに舎人《とねり》は惑ふ　(201)

或る書の反歌一首

哭沢《なきさは》の神社《もり》に神酒《みわ》すゑ祈《いの》れども我が大君《おほきみ》は高日知らしぬ　(202)

右の一首は、類聚歌林《るいじうかりん》に曰く、桧隈女王《ひのくまのおほきみ》の、泣沢神社《なきさはのもり》を怨むる歌なりといふ。日本紀を案《かむが》ふるに云《い》はく、十年丙申の秋七月辛丑の朔の庚戌に、後皇子尊《のちのみこのみこと》薨ずといふ。

和射見が原（現岐阜県関ヶ原町の松尾山から）

高市皇子亡き後、遺体を仮に安置したときに、柿本人麻呂が歌い上げた。長い長い鎮魂の長歌と反歌である。

『万葉集』の長歌は、それを読むために必要な古代人の所作の意味とか言葉の特異な意味合いとかを知っているに越したことはないが、そういうことはあまり知らなくとも、ただひたすら、リズムを失わないように文字面を追いかけて繰り返し繰り返し読み上げることでかなりの意味が伝わってくる。そこに畳み掛けるように言葉の繰り返しがあり、おのずから響くものがある。

この長歌は壬申の乱における高市皇子の軍功そのものを歌い上げ、皇子の世の中を迎えたことを歌い上げる。

口に出して申し上げるのも恐れ多いと歌い始めるのは、父の天武天皇のことを切り出している。「明日香《あすか》の　真神《まかみ》の原に　ひさかたの　天つ御門《みかど》を　恐《かしこ》くも　定めたまひて　神《かむ》さぶと　岩隠《いはがく》ります　やすみしし　我が大君の」は、天武陵の位置をいい、そこに天武天皇が鎮座ましますことを言うのである。

そして、壬申の乱に内容が及ぶ。美濃の国和射見が原に拠点を構えてまず東国に声をかけ、次に高市皇子に軍配を任せた。それが「背面《そとも》の国の　真木《まき》立つ　不破山《ふはやま》越えて　高麗剣《こまつるぎ》　和射見《わざみ》が原の　行宮《かりみや》に　天降《あも》りいまして　天の下　治めたまひ一に云ふ、払《はら》ひたまひて　食国《をすくに》を　定めたまふと　鶏《とり》が鳴く　東《あづま》の国

の　御軍士《みいくさ》を　召したまひて　ちはやぶる　人を和《やは》せと　まつろはぬ　国を治《をさ》めと一に云ふ、払へと　皇《み》子《こ》ながら　任《ま》けたまへば」である。

そして、高市皇子の采配が振られ、激しい戦いが繰り広げられたが、伊勢の神の御導きによって高市皇子方の勝利となり、高市皇子が世の中を治めることとなった。該当する部分は長いので途中を省略とするが、「大御身《おほみみ》に　太刀《たち》取り佩《は》かし　大御手《おほみて》に　弓取り持たし　御軍士を　あどもひたまひ　整《ととの》ふる　鼓《つづみ》の音は　雷《いかづち》の　声《こゑ》と聞くまで（中略）渡会《わたらひ》の　斎宮《いつきのみや》ゆ　神風《かむかぜ》に　い吹き惑《まと》はし　天雲《あまくも》を　日の目も　見せず　常闇《とこやみ》に　覆《おほ》ひたまひて　定めてし　瑞穂《みづほ》の国を　神《かむ》ながら　太敷きまして　やすみしし　我が大君《おほきみ》の　天の下　奏《まを》したまへば」である。

高市皇子の時代は世の中を繁栄に導くかに思われた。「万代《よろづよ》に　然《しか》しもあらむと一に云ふ、かくしもあらむと　木綿花《ゆふはな》の　栄ゆる時に」とある。

しかし、その皇子は薨じて葬送の儀を営むこととなり、今は殯宮《あらきのみや》を作っている。従者たちは悲しみのあまり泣き叫んでいる。今は高市皇子が造営された香具山の宮をただ偲ぶだけである。そのように結んでいる。該当箇所は「我が大君　皇子《みこ》の御門《みかど》を一に云ふ、さす竹の　皇子の御門を　神宮《かむみや》に　装《よそ》ひまつりて（中略）しかれども　我が大君の　万代と　思ほしめして　作らしし　香具山《かぐやま》の宮　万代《よろづよ》に　過ぎむと思へや　天のごと　振り放《さ》け見つつ　玉たすき　かけて偲《しの》はむ　恐《かしこ》くありとも」である。

この柿本人麻呂によって作られた高市皇子の挽歌はかなりの圧巻で、高市皇子より先に薨じた草壁皇子の挽歌（柿本人麻呂作167番歌）と比べてもその違いはよくわかる。

日並皇子尊《ひなみしのみこのみこと》の殯宮《あらきのみや》の時に、柿本朝臣人麻呂の作る歌一首并せて短歌

天地《あめつち》の　初《はじめ》の時の　ひさかたの　天《あま》の河原《かはら》に　八百万《やほよろづ》　千万神《ちよろづかみ》の　神集《かむつど》ひ　集《つど》ひいまして　神はかり　はかりし時に　天照らす　日女《ひるめ》の命《みこと》一に云ふ、さしあがる　日女の命　天をば　知らしめすと　葦《あし》原《はら》の　瑞穂《みづほ》の国を　天地の　寄り合ひの極《きは》み　知らしめす　神の命《みこと》と　天雲《あまくも》の　八重《やへ》かき分けて一に云ふ、天雲の　八重雲分けて　神下《かむくだ》し　いませまつりし　高照らす　日の皇子《みこ》は　飛ぶ鳥の　清御《きよみ》原の宮に　神ながら　太敷《ふとし》きまして　天皇《すめろき》の　敷きます国と　天の原　石門《いはと》を開き　神《かむ》あがり　あがり座《いま》しぬ一に云ふ、神登《かむのぼ》り　いましにしかば　我が大君《おほきみ》　皇子の尊《みこと》の　天の下　知らしめしせば　春花の　貴《たふと》からむと　望月《もちつき》の　たたはしけむと　天の下一に云ふ、食《を》す国　四方《よも》の人の　大舟の　思ひ頼《たの》みて　天《あま》つ水　仰ぎて待つに　いかさまに　思ほしめせか　つれもなき　真《ま》弓《ゆみ》の岡に　宮柱　太敷《ふとし》き座《いま》し　みあらかを　高知りまして　朝言《こと》に　御言《みこと》問はさず　日月《ひつき》の　まねくなりぬれ　そこゆゑに　皇子《みこ》の宮人《みやひと》　行くへ知らずも一に云ふ、さす竹の　皇子の宮人　行くへ知らにす

反歌は省略する。

草壁皇子の父である天武天皇のことが最初に置かれるのは、高市皇子の場合と大きくは違わない。それは「高照らす　日の皇子《みこ》は　飛ぶ鳥の　清御《きよみ》原の宮に　神ながら　太敷《ふとし》きまして　天皇《すめろき》の　敷きます国と　天の原　石門《いはと》を開き　神《かむ》あがり　あがり座《いま》しぬ一に云ふ、神登《かむのぼ》り　いましにしかば」である。ただ、その前に、草壁皇子の場合は、天地開闢以来のこと、天照大神のことが置かれており、皇室の由緒という

点では、こちらのほうが念が入っている。それは最初の「天地《あめつち》の　初《はじめ》の時の　ひさかたの　天《あま》の河原《かはら》に
八百万《やほよろづ》　千万神《ちよろづかみ》の　神集《かむつど》ひ　集《つど》ひいまして　神はかり　はかりし時に　天照らす　日女《ひるめ》の命《みこと》　一に云ふ、
さしあがる　日女の命　天をば　知らしめすと　葦原《あしはら》の　瑞穂《みづほ》の国を　天地の　寄り合ひの極《きは》み　知らしめ
す　神の命《みこと》と　天雲《あまくも》の　八《や》重《へ》かき分けて　一に云ふ、天雲の　八重雲分けて　神下《かむくだ》し　いませまつりし」である。

ただ、言うまでもなく、壬申の乱のことは一切ない。

島宮遺跡（現奈良県明日香村）　蘇我馬子が造営し、大海人皇子から草壁皇子へと伝領された

そして、次に歌われるのは、草壁皇子の時代が来たらどれだけ繁栄するだろうというものであり、推量の中で持ち上げられはするものの、皇子の薨じて殯宮《あらきのみや》を作り、宮人達の途方に暮れている姿をいう。繁栄の期待は「我が大君《おほきみ》
皇子の尊《みこと》の　天の下　知らしめしせば　春花の　貴《たふと》からむと
望月《もちつき》の　たたはしけむと　天の下一に云ふ、食《を》す国　四方《よも》の人の
大舟の　思ひ頼《たの》みて」と歌われており、殯宮と宮人の姿は「つれ
もなき　真《ま》弓《ゆみ》の岡に　宮柱　太敷《ふとし》き座《いま》し　みあらかを　高知りま
して　朝言《こと》に　御言《みこと》問はさず　日《ひ》月《つき》の　まねくなりぬれ　そこゆ
ゑに　皇子《みこ》の宮人《みやひと》　行くへ知らずも一に云ふ、さす竹の　皇子の宮人
行くへ知らにす」と歌われている。

壬申の乱の軍功による功績が高市皇子の場合にいかに大きかったかが如実に伝わる相違とも言えそうであるが、決して、草壁皇

子がいい加減に扱われているわけではないと思われる。

八、皇位継承問題の会議

高市皇子亡き後、皇位継承について会議が持たれた。

会議を招集したのは持統天皇である。

天武天皇の后である持統天皇は、草壁皇子が亡くなり（六八九年）、高市皇子も亡くなって（六九六年）、天武天皇の皇子たちはまだいるにはいるが、この先、皇位継承をどう考えたものか、かなりの危機感の中で招集した会議であったと思われる。

招集されたのは、王公と卿士だという。要するに皇室関係者と群臣の中のお歴々というところだろう。しかし、こういう人事は私利私欲に直結することが多い。だから、会議は紛々たるさまになり、まとまらない身勝手なことを言う場となった。

そこで、天武天皇の皇子である弓削皇子が発言しようとしたとき、天智天皇の孫であり大友皇子の子である葛野王《かどののおほきみ》が一喝した。これ以上内乱によって身内に死者を作ることは避けなければならない。皇位継承は子々孫々に伝えるべきであると。

この意見が歴史的にどう検証されるかには議論もあるところらしいが、この時は孝謙天皇の時代であり、皇太子は草壁皇子であった。その後は高市皇子が襲うはずであったが薨じて今日があり、系図の縦の関係に進めるべきとした葛野王の考えから、皇太子には草壁皇子の子である軽皇子（後の文武天皇）が立てられることになる。

その間の事情については、『懐風藻』に次のようにある。

葛野王《かどののおほきみ》。二首。

王子は、淡海《あふみ》帝の孫《まご》、大友《おほともの》太子の長子《ちようし》なり。母は浄御原《きよみはら》帝の長女《ちようじよ》十市《とおち》内親王《ないしんわう》。器範宏邈《きはんこうばう》にして、風鑑秀遠《ふうかんしうゑん》なり。材《ざい》は棟幹《とうかん》を称《しよう》し、地《ち》は帝戚《ていせき》を兼《か》ぬ。少《わか》くして好学《こうがく》、博《ひろ》く経史《けいし》に渉《わた》る。頗《すこぶ》る文を属《つづ》るを愛《あい》し、兼《か》ねて能《よ》く画《え》を書《しよ》す。浄御原帝の嫡孫《ちやくそん》にして、浄大肆《じやうだいし》を授《さず》かり、治部卿《ぢぶきやう》を拝《はい》す。高市《たけち》皇子の薨後、皇太后王公卿士《こうたいごうおうこうきようし》を禁中《きんちゆう》に引《を》き、日嗣《ひつぎ》を立つるを謀《はか》る。時に群臣《ぐんしん》各《おのおの》私好《しこう》を挟《はさ》み、衆議《しゆうぎ》紛紜《ふんうん》たり。王子進みて奏《そう》して曰く、「我が国家《こつか》の法為《ほうた》るや、神代以来、子孫相承し以て天位を襲《おそ》う。若し兄弟に相及《あいおよ》べば、則《すなわ》ち乱は此れにより興《おこ》らん。仰ぎて天心《てんしん》を論ずれば、誰か能《よ》く敢《あ》えて測《はか》らん。然《しか》らば人事《じんじ》を以てこれを推《お》さば、聖嗣《せいし》自然として定《さだ》まれり。此の外《ほか》に誰か敢えて間然《かんぜん》せんや」。弓《ゆ》削《げ》皇子座《ざ》に在り、言わんと欲す。王子これを叱《いさ》り、乃《すなは》ち止む。皇太后其の一言《いちごん》の国を定めたるを嘉《よ》みし、特閲《とくえつ》して正四《しようし》位《い》を授《さず》け、式部《しきぶ》卿を拝《め》す。時に年は丗七。

葛野王は大友皇子の長子。当然のことながら、天智天皇の孫に当たり、母は十市皇女。十市皇女は父が天武天皇、母が額田王である。まさに壬申の乱のもっとも悲劇的な部分をすべて背負い込んだような

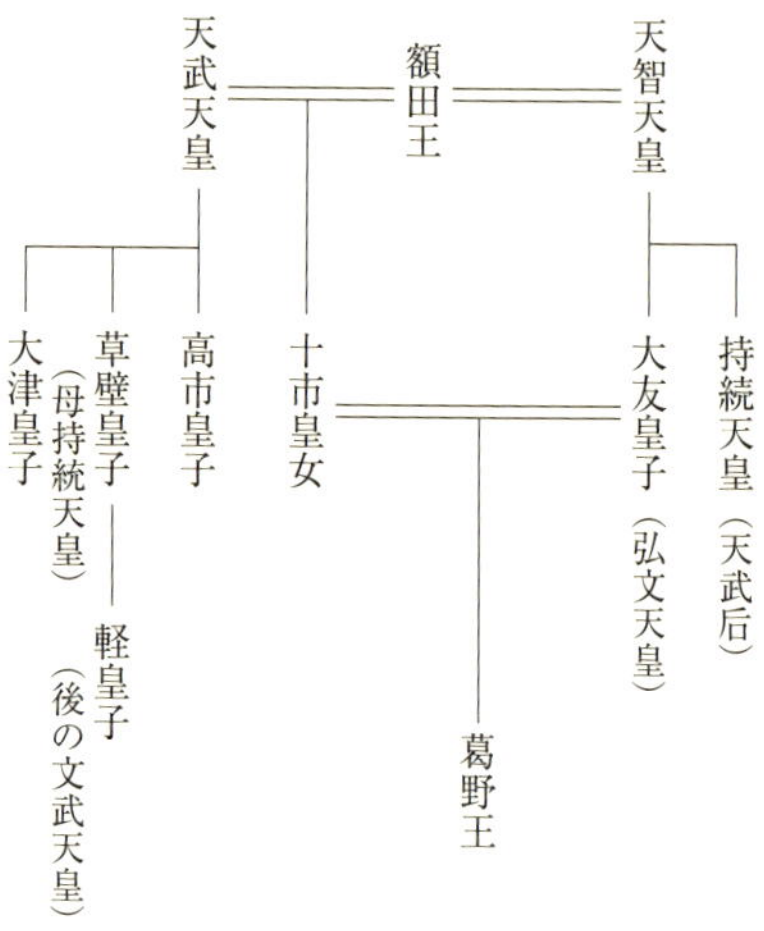

図2　葛野王の位置

人物ともいえる。

そのような境遇に生まれた葛野王はこのように『懐風藻』に採られたことからも文才に優れていたことがわかる。相当な知識人の一角にあったと思われるが、残念ながら三十七歳で薨じた。

この葛野王の伝記の真ん中に据えられた「王子進みて奏《そう》して曰く、「我が国家《こっか》の法為《ほうた》るや、神代以来、子孫相承し以《もち》て天位を襲《おそ》う。若し兄弟に相及《あいおよ》べば、則《すなわ》ち乱は此れにより興《おこ》らん。仰ぎて天心《てんしん》を論ずれば、誰か能《よ》く敢《あ》えて測《はか》らん。然《しか》らば人事《じんじ》を以てこれを推《お》さば、聖嗣《せいし》自然として定《さだ》まれり。此の外《ほか》に誰か敢えて間然《かんぜん》せんや」の部分は、どこまで普遍的なものであるかはわからないが、当時の歴史的状況をかなり分析的に把握し、皇位継承という大問題に大きな明かりを投じたといえるのだろう。

皇子の多い天武体制において、これ以上兄弟間で皇位を争うのは乱を続けるだけだという。だから、子々孫々の縦の流れに即し、次の皇太子は前皇太子草壁皇子の御子軽皇子が適当とした。時に軽皇子は十五歳。年齢的に適任としてよいかどうかは議論のあるところと思われるが、その当時の歴史的状況として、それが選択すべき道だったということだと思われる。

九、大津皇子のこと

さて、壬申の乱に関わる皇位継承の話としては、大津皇子のことも触れておかなければならない。草壁皇子、大津皇子、高市皇子、この三人は、年齢順ということになると高市皇子が一番年上になるが、母が草壁皇子は持統天皇、大津皇子は大田皇女で、いずれも天智天皇の皇女であり、高市皇子は母が宗形君徳善の娘であったところから、高市皇子は三番目の位置で天武体制を支えることとなっていた。そのことはすでに述べたが、ここでもう一度確認しておかなければならない。

そして、壬申の乱のときには、高市皇子は十九歳、草壁皇子は十一歳、大津皇子は十歳であった。このこともすでに述べたが、草壁皇子、大津皇子は壬申の乱において活躍しようもなく、高市皇子一人が、この中で意気を吐いたことは、壬申の乱を歴史的に理解するうえで非常に大きな意味を持つ。

天武天皇が崩御して草壁皇子が母の皇后とともに天下を掌握したが、天武天皇崩御の直後、大津皇子が自ら位を得ようとしてその草壁皇子に対して謀反を企てた。その間の事情も含めて、『懐風藻』には次のようにある。

大津皇子《おおつおうじ》。四首。

皇子《おうじ》は、浄御原帝《きよみはらてい》の長子《ちゃうし》なり。状貌魁梧《じょうぼうかいご》、器宇《きう》峻遠《しゅんえん》なり。幼年《ようねん》にして学《がく》を好み、博覧《はくらん》にして能《よ》く文《ぶん》を属《つづ》る。壮《そう》に及び武を愛《あい》す、多力にして能く剣を撃《う》つ。性頗《すこぶ》る放蕩《ほうとう》にして、法度《ほうど》に拘《かか》わらず、節《せつ》を降《くだ》して士《し》を礼《れい》し、是《こ》れに由《よ》りて人多く付託《ふたく》す。時に新羅僧《しらぎそう》の行心《こうじん》有り、天文卜筮《てんもんぼくぜい》を解《かい》す。皇子に詔《みことのり》して曰く、「太子の骨法《こっぽう》は是《こ》れ人臣《じんしん》の相《そう》ならず。此《こ》れ久しく下位《かい》を以《もち》てすれば、恐らくは身を全《また》くせず」と。因《よ》りて逆謀《ぎゃくぼう》を進む。此の詿誤《かいご》に迷《まよ》い、遂に不軌《ふき》を図《はか》る。嗚呼《ああ》惜しい哉《かな》。彼《か》の良才を蘊《つつ》み、忠孝を以て身を保《たも》たず、此の奸竪《かんじゅ》に近づき、卒《つい》に戮辱《りくじょく》を以て自《みずか》ら終《お》ふ。古人の交遊《こうゆう》を慎《つつし》む意《こころ》、固《もと》より以て深き哉《かな》。時に年廿四なり。

大津皇子は天武天皇の長子とある。誤ったのではないとすれば、母ごとに長子、次子と数えたことになる。幼少のころから知力、体力ともに優れていたことなどは、通常の決まり言葉と思って良いのだろう。規則というものにはあまりこだわらなかったが、人間関係においては礼節を重んじたとある。時に新羅からやってきた僧の行心という者がいて、皇子を観相した。そして、誰かの下位にあり、人臣の地位にあれば、力を十分に発揮できないという。そして、謀反を進めたという。こうして、悪人に騙され、謀反を起こして、優れた才能を発揮しないまま、恥ずかしくも命を閉じた。古人の心を書くのは、簡単に人を信じてはいけないということだろうか。皇子は二十四歳だった。

こうして、大津皇子も、壬申の乱に関わる皇位継承問題の一角に関わっているのであり、それも脇役などではないのである。

観相と言えば、『源氏物語』を思い起こす人は多いだろう。高麗の相人が七歳の光源氏を見て言ったことは「国の祖《おや》となりて、帝王の上《かみ》なき位《くらゐ》にのぼるべき相《さう》おはします人の、そなたにて見れば、乱れ憂ふることとやあらむ。おほやけのかためとなりて、天下を助くる方にて見れば、又、その相たがふべし」である。つまり、天皇になるべき相を持っているけれども、天皇になると国が乱れる。かといって、臣下として国を支えるほうに回って見てみると、相が違う、というのである。もちろん、ピタッとはいかないが、この大津皇子の観相とかなり重なることがお分かりになるであろう。

『源氏物語』の古注釈などは、この大津皇子のことなど顧みず、もっとさまざまな歴史上の観相の例を探し回っている。それほどに観相というのは多く行われたのであり、人々の関心も高かったのである。しかし、事実として、紫式部に思い描かせた観相の例はどれだったか。それは、当時にあって、人々も比較的よく知っている実話だったのではないだろうか。そうすると、この大津皇子の例は話題性といった観点からは非常に大きいものがあると思われてならない。

大津皇子の辞世の句は有名である。見ておこう。

　五言。臨終《りんじゆう》。一絶《いちぜつ》。
金烏《きんう》西舎《せいしゃ》に臨《のぞ》み、鼓声短命《こせいたんめい》を催《うなが》す。泉路《せんろ》賓主《ひんしゅ》無く、此《こ》の夕《ゆうべ》誰が家に向《むか》う。

「金烏」は太陽のことで、「西舎に臨み」は夕日が家々の西側を照らしている様をいう。「鼓声」は時報で時々刻々命を失う時が近づいていることをいう。「泉路」は死後に黄泉の国に向かう道をいい、

磐余池故地（現奈良県桜井市池之内）

「賓」は客人、「主」は客を迎える主人で、この道筋に誰も迎える者がいないという。その道に今から旅立つ。これが『懐風藻』に載せられた大津皇子の辞世である。

大津皇子は万葉集巻三・416番歌にも辞世の歌を残している。

　大津皇子、死を被《たまは》りし時に、磐余《いはれ》の池の堤《つつみ》にして涙を流して作らす歌一首

ももづたふ　磐余《いはれ》の池に　鳴く鴨《かも》を　今日《けふ》のみ見てや　雲隠りなむ

　　右、藤原宮の朱鳥元年の冬十月

「ももづたふ」は枕詞である。歌意は明らかで、磐余の池に鳴く鴨の声を聴くのも今日限りだと、目の前に鴨を見て思いに浸るのである。繰り返し和歌をお読みいただき、思いを重ねていただきたい。また、『万葉集』には、大津皇子の屍を葛城の二上山に葬るときに大伯皇女《おほくのひめみこ》が悲しんで詠んだ歌二首も載せられている。

このように、大津皇子関連の話だけでも、漢詩、和歌双方にかなり広がっていることがわかる。

大津皇子に謀反ありと告げたのは河島皇子である。

この河島皇子は大津皇子より六歳年上になるが、大津皇子と生涯裏切ることはないという「莫逆《ばくぎゃく》の契《ちぎり》」を交わした。ところが大津皇子の謀反を暴いたので、契りを守らなかったと身近な存在である朋友からは薄情と思われ、友として尽くすべきことを尽くさなかったとして批判された。公的には朝廷への忠義を優先して密告したことを良しと認められたものの、身近な関係の朋友からは十分な理解は得られないまま、生涯を閉じた。

河嶋皇子《かわしまおうじ》。一首。

皇子は、淡海帝《おうみてい》の第二子なり。志懐《しかい》は温裕《おんゆう》にして、局量《きょくりょう》は弘雅《こうが》なり。始め大津皇子《おほつおうじ》と、莫逆《ばくぎゃく》の契《ちぎり》を為《な》し、津の謀逆《ぼうぎゃく》に及び、嶋則《すなわ》ち変《へん》を告ぐ。朝廷は其の忠正を嘉《よみ》するも、朋友は其の才情《さいじょう》を薄《うす》しとす。議《ぎ》する者未《ものいま》だ厚薄《こうはく》を詳《つまび》らかにせず。然《しか》れども余《よ》以為《おも》うに、私好《しかう》を忘れて公《こう》に奉ずる者は、忠臣の雅事《がじ》、君《きみ》に背《そむ》いて親しくして厚く交《まじわ》る者は、悖徳《はいとく》の流《りゅう》のみ。但《ただ》未だ争友《そうゆう》の益《えき》を尽くさず、其の塗炭《とたん》に陥《おとしい》れるは、余も亦《また》これを疑ふ。位は浄大参《じょうだいさん》に終《を》う。時に年卅五。

「争友《そうゆう》の益《えき》」とは、友が益するように諫めたり教えたりすることをいう。確かに、六歳年上なら、謀反を思いとどまらせる努力は求められるかもしれない。

河島皇子は天智天皇の御子でありながら、壬申の乱後、大勢いた天武天皇の皇子たちとともに活躍した。また、河島皇子を越智野に葬った時の歌と注される歌が『万葉集』に記載されている。

ここでひとまず壬申の乱に関わる皇位継承問題についての筆を置きたい。

何にもまして強調しておきたいことは、この一つの時代、一つの事件に関わる問題に絡む記述というのが、『日本書紀』のみならず、『万葉集』『懐風藻』に広がっており、まさにそれが、平安時代の知識人たちにとって、いわば、〝国民的話題〟となっていたのではないかと思わせることである。

情報メディアがあるわけでもなく、文献の流通も書写に頼るしかなかった時代に、『日本書紀』『万葉集』『懐風藻』という文献が人々の大きな知識源となったことは間違いがない。特に『万葉集』『懐風藻』においては、開巻を飾る物語のようであり、人々の記憶にしっかり残ったに違いないと思われるのである。

第二章　重畳する皇位継承問題

一、有間皇子の事件前史

皇位継承問題がなぜこれだけ悲劇的な展開になるのかと言えば、それは、そこに関わる主人公たちが、幼少であったり、人生はこれからと将来を嘱望される若々しい年齢であったりするからであり、そこには恋愛もあったり、子供のことが関わったりで、皇位継承問題を解き明かそうする人の心を抉ってやまないからである。さらに、その主人公たちが人生を失うか、死を余儀なくされる。そういったことが歴史的必然の中で展開していくのだから、人は歴史に夢中になる。

その大きなステージとして壬申の乱はあった。すべてをお示しできたわけではないが、人間の心に関わる問題性ということで言えば、ある程度お示しできたのではないかと思っている。

しかし、皇位継承問題は、壬申の乱が最初なのではない。

記録として残っているだけでも、壬申の乱より少し前の有間皇子の事件がある。

歴史的事件は、記述を追いかけていくうちに、事実がどう積み重ねられていくか、その実態が具体的に想像されてくる場合がある。その想像の支えになっているものは、今現在の自分が自分の中に蓄積し

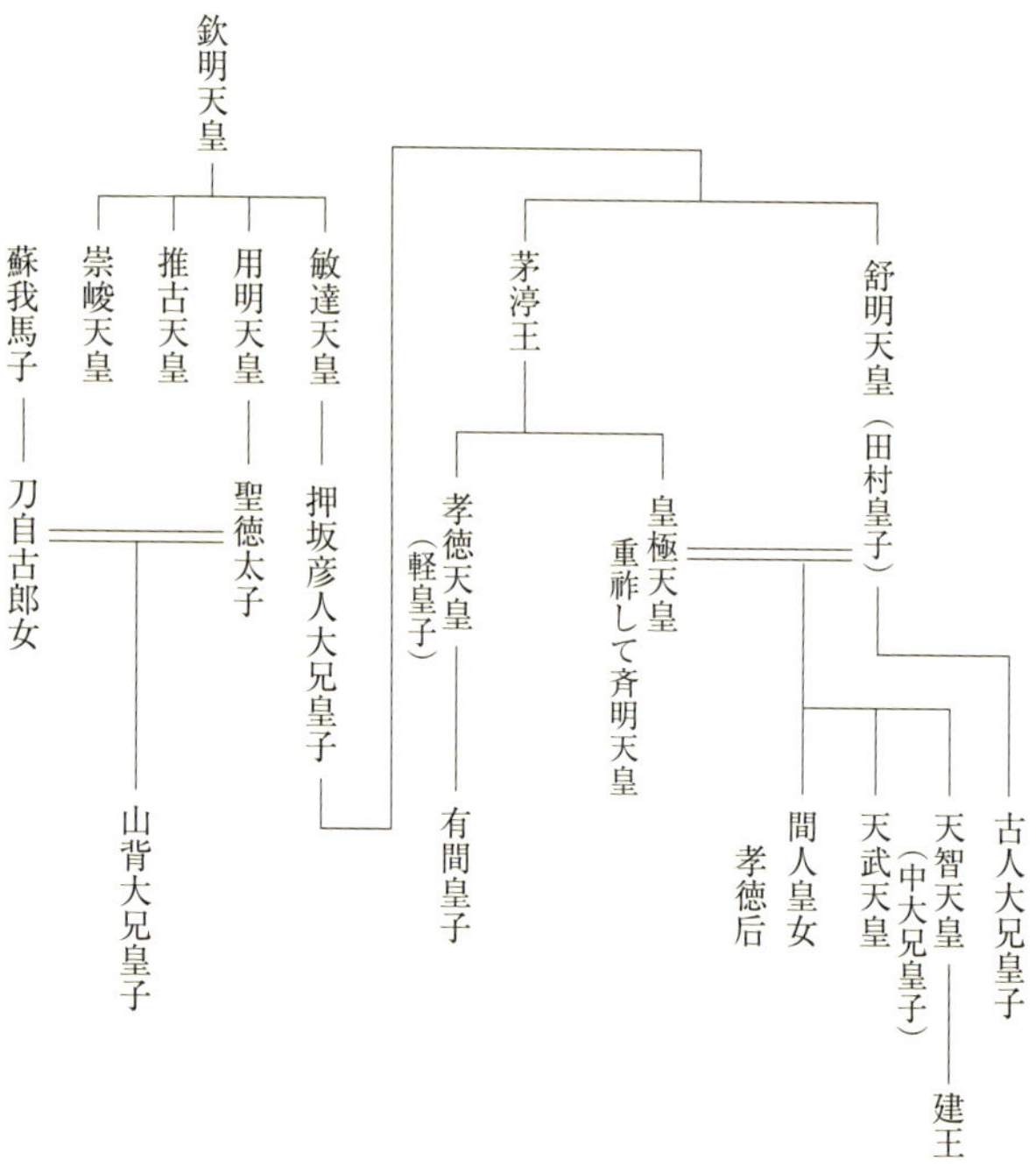

図1　有間皇子関係図

ている心理的な核のようなものに過ぎないだろうから、その想像がそのまま事実としてあったわけではないとは思うのだが、有間皇子の謀反事件は皇子に同情されてならない。

　有間皇子の謀反事件とはいうが、これも関連する話があり、少し前から説明しなければならない。

　欽明天皇のあと、欽明天皇の皇子女たちが四代にわたって天皇の位を継承した。それは、敏達天皇・用明天皇・崇峻天皇・推古天皇である。この四代は蘇我氏と物部氏との対立時代から、物部氏が滅ぼされて蘇我氏の時代へと向かう流れの中にあるが、用明天皇・

崇峻天皇・推古天皇は母が蘇我稲目の娘であり、堅塩媛、小姉君という。推古天皇は敏達天皇の皇后であるが、用明朝と崇峻朝は年数が短く、崇峻天皇が蘇我馬子に殺された後は、推古天皇が三十七年にも及ぶ長期にわたって天皇の位にあり、時の皇太子は聖徳太子であった。

聖徳太子は推古天皇より二十歳若いものの、推古朝が終わるより六年前に薨去する。したがって、推古朝の終わり六年間は皇太子不在の時代だったかと思われる。

推古天皇が崩御して、皇位継承の衝突が起こった。それは田村皇子と山背大兄皇子である。田村皇子は後の舒明天皇であり、推古天皇の遺言ということで蘇我蝦夷が推し、山背大兄皇子は、皇太子であった聖徳太子の皇子ということで、境部臣摩理勢が推した。これは大きな対立となったが、戦いは境部臣摩理勢が蘇我蝦夷に攻め殺されて終息した。

舒明朝が始まったのが六二九年である。時に天皇は三十七歳であった。舒明天皇の母は糠手姫皇女であり、血縁として蘇我氏が色濃く関わるわけではなかったが、皇位継承に関わる歴史的筋道から、蘇我蝦夷とその子入鹿が大きく勢力を伸ばすこととなった。

その舒明天皇が崩御して皇后が即位し、皇極天皇となる。時に六四二年である。蘇我氏の勢いは衰えることなく続いたが、ついに六四五年に大化の改新が起こり、蘇我氏が滅亡し、皇極天皇は弟軽皇子に位を譲り、孝徳天皇が誕生した。ここまでが、有間皇子謀反事件前史である。時に有間皇子は六歳である。大化の改新を果たした後の天智天皇こと中大兄皇子は二十歳であった。

有間皇子の父孝徳天皇は、その後在位十年で崩御。皇子は十五歳であった。

『日本書紀』の孝徳天皇の即位前記に次のようにあり、孝徳天皇が即位したとき、皇太子には中大兄皇子（後の天智天皇）がなった。

以下、少々引用が長くなるが、ゆっくり読んでみていただきたい。長いので、少しずつ解説を入れる。

天萬豊日天皇《あめよろづとよひのすめらみこと》　孝徳天皇《かうとくてんわう》

天萬豊日天皇は、天豊財重日足姫天皇《あめとよたからいかしひたらしひめのすめらみこと》の同母弟《いろど》なり。仏法《ほとけのみのり》を尊《たふと》び、神道《かみのみち》を軽《あなづ》りたまふ。生国魂社《いくくにたまのやしろ》の樹《き》を断りたまふ類《たぐひ》、是《これ》なり。人《ひと》と為《な》り、柔仁《めぐみ》ましまして儒《はかせ》を好《この》みたまふ。貴《たふと》き賤《いや》しきと択《えら》ばず、頻《しきり》に恩勅《めぐみのみことのり》を降《くだ》したまふ。

ここまでは、孝徳天皇に対する人物批評というか、特徴を褒めながら述べている。神道を軽視し、仏教を重んじたこと、柔和な性格で、知を好み、人民に対して貴賤を問わぬ思いやりを施したことなどを述べている。

皇位継承に関わる記述はここからである。

天豊財重日足姫天皇の四年の六月《みなづき》の庚戌《かのえいぬのひ》に、天豊財重日足姫天皇、位《みくらゐ》を中大兄《なかのおほえ》に伝《つた》へたまはむと思欲《おもほ》して、詔《みことのり》して曰《のたま》はく、云云《しかしかいへり》。中大兄、退《まかりい》でて中臣鎌子連《なかとみのかまこのむらじ》に語《かた》りたまふ。中臣鎌子連、議《はか》りて曰《まう》さく、「古人大兄《ふるひとのおほえ》は、殿下《きみ》の兄《いろね》なり。軽皇子《かるのみこ》は、殿下《きみ》の舅《をぢ》なり。方《まさ》に今《いま》、古人大兄在《ま》します。而《しか》るを殿下《きみ》陟天皇位《あまつひつぎしら》さば、人の弟恭《おととつつし》み遜《したが》ふ心《こころ》に違《たが》はむ。且《しばら》く、舅を立《た》てて民《おほみたから》の望《ねがひ》に答《かな》はば、亦可《またよ》からずや」とまうす。是《ここ》に、中大兄、深《ふか》く厥《そ》の議《はかりこと》を嘉《よみ》したまひて、密《しのび》に以《も》て奏聞《まう》したまふ。

皇極四年六月十四日庚戌《かのえいぬのひ》に、皇極天皇は、皇位を皇太子である中大兄皇子に譲ろうとして、詔《みことのり》を下した。詔を受けた中大兄皇子は中臣鎌子（のちの鎌足）に相談した。中臣鎌子は思量をめぐらしてこういった。あなたには兄古人大兄皇子と叔父軽皇子がいる。そういう状況の中であなたが天皇位に即けば、弟として兄に従うべき関係がおかしくなる。だから、しばらくは叔父の軽皇子に皇位に即いてもらって、人々の要望に応えるのがいいのではないか、と。中大兄皇子はこの中臣鎌子の進言を受け入れて、皇極天皇に伝えた。

天豊財重日足姫天皇、璽綬《みしるし》を授《さづ》けたまひて、位を禅《ゆづ》りたまふ。策《おほみことのり》して曰《のたま》はく、「咨《あ》、爾《なむち》軽皇子」と云云《しかしかいへり》。軽皇子、再三《しきり》に固辞《いな》びて、転《うたた》古人大兄更《また》の名《みな》は、古人大市皇子《ふるひとのおほちのみこ》に譲《ゆづ》りて曰はく、「大兄命《おほえのみこと》は、是昔《これさき》の天皇《すめらみこと》の所生《みこ》なり。而《しかう》して又年長《またとしお》いたり。斯《こ》の二《ふた》つの理《ことわり》を以て、天位《たかみくら》に居《ま》しますべし」といふ。是《ここ》に、古人大兄、座《しきゐ》を避《さ》りて逡巡《しりぞ》きて、手《て》を拱《つく》りて辞《いな》びて曰《まう》さく、「天皇の聖旨《おほみことのむね》に奉《うけたまは》り順《したが》はむ。何《いづくに》ぞ労《いたは》しくして臣《やつこ》に推譲《ゆづ》らむ。臣《やつかれ》は願《こ》ふ、出家《いへで》して、吉野《よしの》に入《い》りなむ。仏道《ほとけのみち》を勤《つと》め修《おこな》ひて、天皇を祐《たす》け奉《まつ》らむ」とまうす。辞《いな》び訖《をは》りて、佩《は》かせる刀《たち》を解《ぬ》きて、地《つち》に投擲《なげう》つ。亦帳内《またとねり》に命《みことおほ》せて、皆刀《みなたち》を解《ぬ》かしむ。即《すなは》ち自《みづか》ら法興寺《ほふこうじ》の仏殿《ほとけのおほとの》と塔《たふ》との間《はさま》に詣《い》でまして、髯髪《ひげ》を剔除《そ》りて、袈裟《けさ》を披着《き》つ。是《これ》に由《よ》りて、軽 皇子《かるのみこ》、固辞《いな》ぶること得《え》ずして、壇《たかみくら》に升《のぼ》りて即　祚《あまつひつぎしろしめ》す。

皇極天皇は中大兄皇子の奏上を受けて軽皇子に譲位した。しかし、軽皇子は辞退し、古人大兄皇子が天皇位に即くべきだという。その理由は、一つは古人大兄皇子は先の帝舒明天皇の皇子であること、もう一つは十分に年を取っていること、この二つである。

古人大兄皇子の生年は未詳であるが、天智天皇の異母兄であり、天智天皇は六二六年の生まれなので、それより前の生まれになる。父の舒明天皇は五九三年の生まれなので、古人大兄皇子の生年は六一〇年頃かと思われるが、いずれにせよ、孝徳天皇こと軽皇子は五九七年の生まれなので、軽皇子よりは年下になる。その軽皇子が「年長《としお》いたり」と言っているのは、自分より年上だと言っているのではない。天皇の位に即く十分な年齢になっているという意味にとるしかないであろう。今、大化の改新の年には、推定年齢は三十歳代半ばということになり、確かに、天皇の位に即くのに立派な年齢であると言えるように思われる。因みに、天智天皇はこの大化の改新の年には二十歳であった。

古人大兄皇子は位につくことを辞退してこういった。天皇のご命令とあらば従うけれども、私に譲るべきではない。私は出家して吉野に入り、仏道修行して天皇をお助け申し上げたいと。そうして、身に着けていた刀を外して地面に捨て、自分に従う役人たちにも同じようにさせた。さらに、方興寺で髭を剃り、袈裟を纏った。そういう事態になったので、軽皇子は辞退しきれなくなって、即位することとなった。

時《とき》に、大伴長徳《おほとものながとこ》 字《あざな》は馬飼《うまかひ》。連《のむらじ》、金《こがね》の靫《ゆき》を帯《お》びて、壇《たかみくら》の右《みぎ》に立《た》つ。犬上健部君《いぬかみのたけべのきみ》、金の靫を帯びて、壇の左《ひだり》に立つ。百官《つかさつかさ》の、臣《おみ》・連《むらじ》・国造《くにのみやつこ》・伴造《とものみやつこ》・百八十部《ももあまりやそとものを》、羅列《つらな》りて匝《かさな》りて拝《をが》みたてまつる。是《こ》の日《ひ》に、号《みな》を豊財天皇《とよたからのすめらみこと》に奉《たてまつ》りて、皇祖母尊《すめみおやのみこと》と曰《まう》さしむ。中大兄《なかのおほえ》を以《も》て、皇太子《ひつぎのみこ》とす。阿《あ》倍《への》内摩《うちま》呂臣《ろのおみ》を以て、左大臣《ひだりのおほおみ》とす。蘇我倉山田石川麻呂臣《そがのくらのやまだのいしかはのまろのおみ》を、右大臣《みぎのおほおみ》とす。大錦冠《だいきむのかうぶり》を以て、中《なか》臣鎌子連《とみのかまこのむらじ》に授《さづ》けて、内臣《うちつおみ》とす。封増《へひとま》すこと若干戸《そこばくのへ》と、云云《しかしかいへり》。中臣鎌子連、至忠《いさを》しき誠《まこと》を懐《いだ》く。宰臣《まつりごとまへつきみ》の勢《いきほひ》に據《よ》りて、官司《つかさつかさ》の上《うへ》に処《を》り。故《かれ》、進《すす》め退《しりぞ》け廃《や》め置《お》くこと、計従《はかりことしたが》はれ事《こと》立つと、云云《しかしかいへり》。沙門旻法師《のりのしみんほふし》・高向史玄理《たかむくのふびとぐゑんり》を以て、国博士《くにのはかせ》とす。辛亥《かのとのゐのひ》に、金策《こがねのふみた》を以て、阿倍倉梯麻呂《あへのくらはしまろの》大臣《おほおみ》と蘇我山田石川麻呂大臣《そがのやまだのいしかはのまろのおほおみ》とに賜《たま》ふ。或本《あるふみ》に云《い》はく、練金《こながね》を賜ふといふ。乙卯《きのとのうのひ》に、天皇《すめらみこと》・皇祖母尊《すめみおやのみこと》・皇太子《ひつぎのみこ》、大槻《おほつき》の樹《き》の下《もと》に、群臣《まへつきみたち》を召《め》し集《あつ》めて、盟《ちか》曰はしめたまふ。天神地祇《あまつかみくにつかみ》に告《まう》して曰《まう》さく、「天《あめ》は覆《おほ》ひ地《つち》は載《の》す。帝道唯一《きみのみちただひとつ》なり。而《しか》るを末代澆薄《すゑのようすら》ぎて、君臣序《きみやつこらまついで》を失《うしな》ふ。皇天《あめ》、手《て》を我《われ》に仮《か》りて、暴逆《あらびと》を誅《ころ》し殄《た》てり。今共《いまとも》に心《こころ》の血《まこと》を瀝《した》づ。而《しかう》して今より以後《のち》、君は二《ふた》つの政無《まつりごとな》く、臣《やつこらま》は朝《みかど》に弐《ふたごころ》あること無し。若《も》し此《こ》の盟《ちかひ》に弐《そむ》かば、天災《あめわざはひ》し地妖《つちわざはひ》し、鬼《おに》誅《ころ》し人《ひと》伐《う》たむ。皎《いちしる》きこと日《ひ》月《つき》の如《ごと》し」とまうす。天豊財重日足姫天皇《あめとよたからいかしひたらしひめのすめらみこと》の四年を改《あらた》めて、大化元年《たいくわのはじめのとし》とす。大化元年の秋七月《あきふみづき》の丁卯《ひのとのう》の朔《ついたち》戊辰《つちのえたつのひ》に、息長足日広額天皇《おきながたらしひひろぬかのすめらみこと》の女《みむすめ》間人皇女《はしひとのひめみこ》を立てて、皇后《きさき》とす。二《ふたり》の妃《みめ》を立つ。元《はじめ》の妃、阿倍倉梯麻呂大臣の女《むすめ》を小足媛《をたらしひめ》と曰《い》ふ。有間皇子《ありまのみこ》を生《う》めり。次《つぎ》の妃、蘇我山田石川麻呂大臣の女を乳娘《ちのいらつめ》と曰ふ。

そこで滞りなく譲位の儀式があり、皇極天皇は皇祖母尊《すめみおやのみこと》となり、皇太子には中大兄皇子がなった。

比曽寺〔世尊寺〕三重東塔跡（現奈良県大淀町）
古人大兄皇子が入ったとされる吉野で唯一の白鳳寺院

以下、群臣たちのことを詳細に述べ、誓いの盟をやや長く記している。

年号は大化となり、皇后には間人皇女を据え、さらに妃を二人迎えた。初めの妃を小足媛といい、有間皇子を生んだ人である、と書いている。

孝徳天皇の即位前記を読み解いて、いくつかの問題点にぶつかった。

一つには皇位継承における兄弟の問題である。異母兄弟であっても、基本は兄を差し置いて弟が天皇位に即くというのは、遠慮して避けるべきだという考え方が確かにあったのだということがここではっきりとわかる。

もう一つは、皇位継承を辞退しようとするとき、出家して吉野に向かうというのは、壬申の乱直前、天武天皇が譲位の意向が示されて辞退した時と同じだということである。吉野という土地に特別な意味もあったのだろうが、都を離れ、出家して、帝の世のために尽くすという発想は、様々な皇位継承問題に色濃く影を落としているように思われてならない。

二、有間皇子の謀反について

さて、ようやく、有間皇子の謀反について触れる段取りとなった。大化の改新があり、蘇我氏が滅亡したことを受けて、人心を一新しようと皇極天皇は譲位、孝徳天皇が生まれた。この時、皇太子には中大兄皇子がなった。

譲位されかけて辞退し、出家して吉野から新帝の政権を守るとした古人大兄皇子は、その年の内に謀反の罪を着せられて粛清を受け、命を失った。このあたりは壬申の乱の時の天武天皇の場合と異なる。

孝徳天皇の時代はほぼ十年続いたが、九年目という段階になって、皇太子中大兄皇子と離反することが起こった。『日本書紀』白雉四年の条にはこうある。

是歳《ことし》、太子《ひつぎのみこ》、奏請《まう》して曰《まう》さく、「冀《ねが》はくは倭《やまと》の京《みやこ》に遷《うつ》らむ」とまうす。天皇、許《ゆる》したまはず。皇太子、乃《すなは》ち皇祖母尊《すめみおやのみこと》・間人皇后《はしひとのきさき》を奉《ゐてまつ》り、幷《あはせ》て皇弟等《すめいろどたち》を率《ゐ》て、往《ゆ》きて倭飛鳥河辺行宮《やまとのあすかのかはらのかりみや》に居《ま》します。時《とき》に、公卿大夫《まへつきみたち》・百官《つかさつかさ》の人等《ひとども》、皆随《みなしたが》ひて遷《うつ》る。是《これ》に由《よ》りて、天皇、恨《うら》みて国位《くに》を捨《さ》りたまはむと欲《おもほ》して、宮《おほみや》を山碕《やまさき》に造《つく》らしめたまふ。乃ち歌《みうた》を間人皇后に送《おく》りて曰《のたま》はく、

鉗着《かなきつ》け　吾《あ》が飼《か》ふ駒《こま》は　引出《ひきで》せず　吾《あ》が飼《か》ふ駒《こま》を　人見《ひとみ》つらむか

飛鳥宮故地（現奈良県明日香村のミハ山から）

「太子」は皇太子中大兄皇子である。大和に遷都したいとした理由はここには書いていない。孝徳天皇はその申し出を受け入れなかったが、「皇祖母尊」こと皇極先帝も、后である間人皇后も、ほぼ全員が中大兄皇子に従って倭飛鳥河辺行宮《やまとのあすかのかはらのかりみや》に行ってしまった。のみならず、「公卿大夫《まへつきみたち》・百官《つかさつかさ》の人等《ひとども》、皆随《みなしたが》ひて遷《うつ》る。」とあるから、孝徳天皇は一人捨て置かれた形になった。その孤独を、最後に掲げた間人皇后に送った歌はよく表しているように思える。

翌年、孝徳天皇が難波長柄豊碕宮に崩じたあと、即位したのは斉明天皇、これは皇極天皇の重祚であった。

この年、西暦六五五年は、中大兄皇子は三十歳であり、皇太子でもあったのだから、中大兄皇子が皇位を継承して何ら不自然はないと思われたが、先に掲げた白雉四年の離反事件が尾を引いているとしか思われないことと、孝徳天皇には有間皇子という有望な存在があったことが、斉明天皇の誕生という慎重な判断を誘ったのだと思われる。

この年、有間皇子は十六歳であった。

当時の皇位継承の動きを見ていると、十六歳は少し幼なすぎるので、その点も考慮されたかと思われる。

斉明天皇の時代になって、当然、皇位継承問題は初めから熾烈なものがあったのではないかと思われる。

斉明天皇には孫建王もいたが、建王は斉明四年五月に八歳で薨じた。建王の父は中大兄皇子なので、世の中の動き次第では、中大兄皇子に続いてそのあたりまで皇位継承に関わった可能性はあるかもしれないが、年齢的にはその線はかなり弱いかもしれない。ただ、斉明天皇はこの孫が可愛かったらしく、自分が死んだならば合葬するようにと群臣たちに告げている。その間の事情について、『日本書紀』はこう書いている。

天皇《すめらみこと》、本《もと》より皇孫《みまご》の有順《みさをか》なるを以《も》て、器重《ことにあが》めたまふ。故《かれ》、不忍哀《あからしび》したまひ、傷《いた》み慟《まど》ひたまふこと極《きは》めて甚《にへさ》なり。群臣《まへつきみたち》に詔《みことのり》して曰《のたま》はく、「萬歳《よろづとせ》千秋《ちあき》の後《のち》に、要《かなら》ず朕《わ》が陵《みささぎ》に合《あは》せ葬《はぶ》れ」とのたまふ。廼《すなは》ち作歌《うたよみ》して曰《のたま》はく、

今城《いまき》なる　小丘《をむれ》が上《うへ》に　雲《くも》だにも　著《しる》くし立《た》たば　何《なに》か嘆《なげ》かむ　其一《それひとつ》。
射《い》ゆ鹿猪《しし》を　認《つな》ぐ川上《かはへ》の　若草《わかくさ》の　若《わか》くありきと　吾《あ》が思《も》はなくに　其二《ふたつ》。
飛鳥川《あすかがは》　漲《みなぎら》ひつつ　行《ゆ》く水《みづ》の　間《あひだ》も無《な》くも　思《おも》ほゆるかも　其三《みつ》。

天皇、時時《ときとき》に唱《うた》ひたまひて悲哭《みね》す。

斉明天皇は三首の歌を作って繰り返し歌い、孫の死を悲しんだ。その愛しさを記す『日本書紀』の筆

致は、もし生きながらえていれば、帝の意向によって皇位継承が実質的に変えられていく、その一つの動きを作ったのかもしれないと感じるほどである。

　しかしながら、斉明天皇のこの三首の歌には疑義が出されている。それは特に二首目である。「若《わか》くありきと　吾《あ》が思《も》はなくに」というのは、若くあったと私は思わないという意味だが、建王は八歳で薨じたと書いてある。数え年の八歳と言えば、やはり子供だとしか思えない。それに一人前の人物に対する期待を抱いているかのような感懐を歌っているのだ。確かに、ここの文面の最初には「皇孫《みまご》の有順《みさをか》なるを以《も》て、器重《ことにあが》めたまふ」とも書いてあった。八歳の子供相手とは思えないこの高揚した思いはいったい何を意味するのだろうか。

　斉明天皇はその年の十月、紀の湯に出かけたそのときにも三首の歌を作り、孫建王の死を悼んでいる。先の三首と合わせて、重祚してまだ間もない斉明天皇の皇位継承に対する先々までの遠い思いを忖度すべきかと思われるのである。

　冬十月《ふゆかむなづき》の庚戌《かのえいぬ》の朔　甲子《きのえねのひ》に、紀温湯《きのゆ》に幸《いでま》す。天皇、皇孫《みまご》建王《たけるのみこ》を憶《おもほしい》でて、愴爾《いた》み悲泣《かなし》びたまふ。
　乃《すなは》ち口号《くつうた》して曰はく、
　　山越《やまこ》えて　海渡《うみわた》るとも　おもしろき　今城《いまき》の中《うち》は　忘《わす》らゆましじ　其一《それひとつ》。
　　水門《みなと》の　潮《うしほ》のくだり　海《うな》くだり　後《うしろ》も暗《くれ》に　置《お》きてか行《ゆ》かむ　其二《ふたつ》。
　　愛《うつく》しき　吾《あ》が若《わか》き子《こ》を　置《お》きてか行《ゆ》かむ。　其三《それみつ》。

秦《はだの》大蔵《おほくらの》造《みやつこ》萬里《まろ》に詔《みことのり》して曰《のたま》はく、「斯《こ》の歌《うた》を伝《つた》へて、世《よ》に忘《わす》らしむること勿《なか》れ」とのたまふ。

建王の死が当面の皇位継承に影響があったとは思えないが、斉明天皇としては、あれこれ思いを巡らすうちに、重要な存在であったことは間違いない。ただその歴史的な思い以外に、ここの建王の描き方は、もっと奥深い意味があるように思われてならない。

さて、建王のことは後にまた触れるとして、当面の皇位継承は中大兄皇子と有間皇子の二人に絞られている。

有間皇子は斉明三年の九月、「陽狂《うほりくるひ》」したと称して、牟婁温湯に治療に出かけている。この「陽狂」は偽りの狂気を装ったものだと説明され、皇位継承に関わる軋轢からそうしたのではないかなどと言われているが、確かに歴史的にはそういう状況を抱えた時期ではないかと思われる。以下にその一文を掲げる。

九月《ながづき》に、有間皇子《ありまのみこ》、性《ひととなり》黠《さと》くして陽狂《うほりくるひ》すと、云云《しかしかいふ》。牟婁温湯《むろのゆ》に往《ゆ》きて、病《やまひ》を療《をさ》むる偽《まね》して来《まうき》、国《くに》の体勢《なり》を讃《ほ》めて曰《い》はく、「纔《ひただそ》彼の地《ところ》を観《み》るに、病自《おの》づからに蠲消《のぞこ》りぬ」と、云云《しかしかいふ》。天皇《すめらみこと》、聞《きこ》しめし悦《よろこ》びたまひて、往《おは》しまして観《みそなは》さむと思欲《おもほ》す。

有間皇子は牟婁温湯を褒めて、お蔭で病は癒えたと報告している。斉明天皇も、そんなに良いところなら自分も行ってみたいと言っているというのだ。

簡単に陽狂が癒えたというのは、皇位継承のような持続的な問題とは関係ないのではないかとも思えるが、歴史記述が踏まえる歴史的ストーリーはかなり謎めくことがあるので、ここだけでは何とも言えない。

そうして、翌年五月に建王が薨じて、その半年後、『日本書紀』は驚くべき記事を掲げている。

十一月《しもつき》の庚辰《かのえたつ》の朔《ついたち》壬午《みづのえうまのひ》に、留守官《とどまりまもるつかさ》蘇我赤兄臣《そがのあかえのおみ》、有間皇子《ありまのみこ》に語《かた》りて曰《い》はく、「天皇《すめらみこと》の治《し》らす政事《まつりごと》、三《み》つの失《あやまち》有《あ》り。大《おほ》きに倉庫《くら》を起《た》てて、民財《おほみたからのたから》を積《つ》み聚《あつ》むること、一《ひと》つ。長《とほ》く渠水《みぞ》を穿《ほ》りて、公粮《ひとのくらひもの》を損《おと》し費《つひや》すこと、二《ふた》つ。舟《ふね》に石《いし》を載《つ》みて、運《はこ》び積《つ》みて丘《をか》にすること、三《み》つ」といふ。有間皇子、乃《すなは》ち赤兄《あかえ》が己《おのれ》に善《うるは》しきことを知《し》りて、欣然《よろこ》びて報答《こた》へて曰はく、「吾《あ》が年始《としはじ》めて兵《いくさ》を用《もち》ゐるべき時《とき》なり」といふ。

蘇我赤兄は、のちの壬申の乱（六七二年）の後、流刑に処せられた人物だが、この時（六五八年）は天皇の失政を三つあげて、有間皇子の反応を見たという。すると、有間皇子は赤兄が自分の思いをよく知っていると思い込み、謀反の兵を挙げようと言ったというのである。

甲申《きのえさるのひ》に、有間皇子、赤兄が家《いへ》に向《ゆ》きて、樓《たかどの》に登《のぼ》りて謀《はか》る。夾膝《おしまづき》自《おの》づからに断《を》れぬ。是《ここ》に、相《しるまし》の不祥《さがなきこと》を知《し》りて、倶《とも》に盟《ちか》ひて止《や》む。皇子《みこ》帰《かへ》りて宿《やど》る。是《こ》の夜半《よなか》に、赤兄、物部朴井連《もののべのえのゐのむらじ》鮪《しび》を遣《つかは》して、宮造《みやつく》る丁《よほろ》を率《ひき》ゐて、有間皇子を市経《いちぶ》の家《いへ》に囲《かく》む。便《すなは》ち駅使《はいま》を遣して、天皇の所《みもと》に奏《まう》す。戊子《つちのえねのひ》に、有間皇子と、守君大石《もりのきみおほいは》・坂合部連《さかひべのむらじ》薬《くすり》・塩屋連《しほやのむらじ》鯯魚《このしろ》とを捉《とら》へて、紀温湯《きのゆ》に送《おく》りたてまつりき。舎人《とねり》新田部米麻呂《にひたべのこめまろ》、従《みとも》なり。

紀温湯故地（現和歌山県白浜町の湯崎温泉）

有間皇子は赤兄の家に行って謀議をしていたが、その時、脇息のようなものの足が折れ、これは不吉のことであることを示す予兆であると思って、その日は話だけで終わり、皇子は宿に帰った。その夜、赤兄は造宮の兵士を動かして皇子を閉じ込め、天皇に皇子の謀反を密告して、皇子とその同意する者を紀温湯に送致した。この間、一週間ほどである。

是に、皇太子《ひつぎのみこ》、親《みづか》ら有間皇子に問《と》ひて曰《のたま》はく、「何《なに》の故《ゆゑ》か謀《みかど》反《かたぶ》けむとする」とのたまふ。答《こた》へて曰《まう》さく、「天《あめ》と赤兄と知らむ。吾《おのれ》全《もは》ら解《し》らず」とまうす。庚寅《かのえとらのひ》に、丹比小沢連国襲《たぢひのをざはのむらじくにそ》を遣して、有間皇子を藤白坂《ふぢしろのさか》に絞《くび》らしむ。

皇太子である中大兄皇子が有間皇子に対して審問する。なぜ、謀

伝有間皇子墓（現和歌山県海南市藤白の藤白坂）

反を企てたのかと。それに対して有間皇子は、自分は何も知らない、本当のことは天と赤兄が知っている、と言った。そうして、紀温湯に送致されて二日後、有間皇子は藤白坂で絞首刑に処せられた。

是の日に、塩屋連鯯魚・舎人新田部連《にひたべのむらじ》米麻呂《こめまろ》を藤白坂に斬《き》る。塩屋連鯯魚、誅《ころ》されむとして言《い》はく、「願《ねが》はくは右手《みぎのて》をして、国《くに》の宝器《たからのもの》作《つく》らしめよ」といふ。守君大石を上毛野国《かみつけののくに》に、坂合部薬《さかひべのくすり》を尾張国《をはりのくに》に流《なが》す。或本《あるふみ》に云はく、有間皇子、蘇我臣赤兄《そがのおみあかえ》・塩屋連《しほやのむらじ》小戈・守君大石・坂合部連薬と、短籍《ひねりぶみ》を取《と》りて、謀反《みかどかたぶ》けむ事《こと》を卜《うらな》ふ。或本に云はく、有間皇子曰《い》はく、「先《ま》づ宮室《おほみや》を燔《や》きて、五百人《いほたり》を以《も》て、一日両夜《ひとひふたよ》、牟婁津《むろのつ》を邀《た》へて、疾《と》く船師《ふないくさ》を以て、淡路国《あはぢのくに》を断《さいぎ》らむ。牢圄《ひとやにこも》るが如《ごと》くならしめば、其《そ》の事成《ことな》し易《やす》けむ」といふ。或人諫《あるひとあさ》めて曰はく、「可《よ》からじ。計《はか》る所《ところ》は既《すで》に然《しか》れども、徳《いきほひ》無《な》し。方《まさ》に今皇子《いまみこ》、年始めて十九《とをあまりここのつ》。未《いま》だ成人《ひととなる》に及《いた》らず。成人に至《いた》りて、其《そ》の徳《いきほひ》を得《う》べし」といふ。他日《あたしひ》に、有間皇子《ありまのみこ》、一の判事《ひとりことわるつかさ》と、謀反《みかどかたぶけむとはか》る時《とき》に、皇子《みこ》の案机《おしまづき》の脚《あし》、故無《ゆゑな》くして自《おの》づからに断《を》れぬ。其の謨《はかりことや》止まずして、遂《つひ》に誅戮《ころ》されぬといふ。

皇子が殺された同じ日に、意を同じくしたとされる者も程につけて処分された。「或本《あるふみ》に云《い》はく」から後は、諸説併記という形式で、事実について様々にあった言説を紹介するものである。

この十日足らずの間に起った惨劇について、中大兄皇子が仕掛けたとか、蘇我赤兄が味方を装って裏切ったとか、いろいろな推測がなされていることは言うまでもない。わからないから推測をするしかないし、推測のどれが正しいかは軍配のあげようもない。

ただ、文脈に即して理解を進める限り、赤兄は謀反の仕掛人などになろうとしているわけではなく、むしろ、初めから有間皇子を嵌めるつもりで、天皇の失政を並べているとしか読めない。二十歳前の正義感あふれる若い青年の心を煽って、謀反の罪を着せ、事実上、皇位継承の舞台から降ろす。そういう筋書きの中で、この有間皇子の話は整えられていったように思われてならない。だから、筆者は、有間皇子に対して同情の念に堪えないのである。

三、建王の話

さて、ここで、もう一度、建王の話に戻らなければならない。

八歳で病死した建王に対する斉明天皇のあの悲痛とも称揚ともいえそうな姿勢はいったい何なのかということである。

あなたは八歳だったけれども、八歳の少年だったとは思っていない。そういう文脈は当然可能なのだが、だからといって、そこから、ずっと年上の頼りになる一人前の存在だったとまではいかないはずである。

建王については、記事としてはずっと後の天智紀七年二月条に次のようにある。

其の三を建《みたりたけるのみ》皇子《こ》と曰す。唖《おふし》にして語《まこと》ふこと能《あた》はず。

この記事を掲げて、斉明天皇の個所の建王に対する記述について、真実のほどを疑うとする説も見受けられる。建王は本当に称揚に値する人物だったのだろうか。

ここで、かなり大きな推測をお許しいただかなければならない。

それは、現代と違って、この当時は、自分の考えていることを明晰に述べることは、人格として褒められるべき側面をいうことにならなかったのではないかという推測である。

考えることと実行することとは「雄雄し」という形容詞もあるので、人格の優れた面をいうことに間違いはないのだが、考えていることを言葉にするというのは、むしろ、軽率の類に入れられてしまうのではないか。

建王は言葉少なで、しゃべっても言葉数が少ない、そういう特徴を持つ人物だったのではないだろうか。親から見れば、議論もできない、何を考えているのかもわかりにくい、そういう存在に映って、それを言葉強く「唖」と言ってしまっているが、事実は、言葉数の少ない、感じのいい少年というふうにも見えた、そんな姿を想像してみたくなるのである。

なぜ、そこまで好印象に持っていこうとしているかというと、ここに書かれた有間皇子があまりに明晰だからである。明晰ゆえに不幸を招いた。その姿と対照させる意味もあって、建王の惜しまれる死を描いたのだと思えば、何となく、不自然な斉明紀の建王に関する記述は納得されてくるのである。

赤兄に騙されたと察した有間皇子は「天《あめ》と赤兄と知らむ。吾《おのれ》全《もは》ら解《し》らず」と逃げたが、すでに遅く、赤兄の前では、露骨に謀反について積極的に語っていたと思われる。

語るに落ちてはいけない。言質を取られてはいけない。そういうことは、話としては、壬申の乱の時にもあったことを思い出していただきたい。大海人皇子が天智天皇から国政を委ねると切り出されたときに、言葉に気を付けるようにと事前に忠告を受けていた。

歴史的には壬申の乱は有間皇子の事件より後である。しかし、重畳する皇位継承の問題に関する階層は、このような重層性を持って古代に存在し、それが、平安時代人の知識の中にも重厚に記憶されているることを、我々は知らなければならないと思うのである。

四、皇位継承問題の多様化

壬申の乱（六七二）を挟んで大きな山のようにあった皇位継承問題は、あまり異質な問題を孕んでいない。少し偏った見方になるのかもしれないが、一言で言うならば、優秀な皇子たちが多数いるという豊かな状況の中から、勢力を競ったり、母方の血流や年齢を意識したりして、状況発生的に起こったものが多かったと言えるように思われる。

藤原宮故地（現奈良県橿原市高殿の大極殿跡から天香具山）「春過ぎて」の風景

そうして、話は、年代的には、壬申の乱以前の有間皇子謀反（六五八）のあたりからの高市皇子の薨去（六九六）まで進んでいる。大宝律令の施行や平城京遷都より前の事柄である。

高市皇子薨去ののち、持統天皇が後継者をめぐる議論をするために会議を招請したことはすでに述べた。そこで採用されたのは葛野王の意見である。葛野王は大友皇子の皇子であるが、それは「我が国家《みかど》の法《のり》と為《な》る、神代《かみよ》より以来《このかた》、子孫《しそん》相承《あひう》けて、天位《てんゐ》を襲《つ》げり。若《も》し兄弟相及《けいていあひおよ》ぼさば則《すなは》ち乱此《らんここ》より興《おこ》らむ。仰《あふ》ぎて天心《てんしん》を論《かた》らふに、誰か能《よ》く敢《あ》へて測《はか》らむ。然《しか》すがに人事《じんじ》を以ちて推《お》さば、聖嗣《せいし》自然《おのづから》に定《さだ》まれり。此の外《ほか》に誰か敢へて間然《かんぜん》せむや」という論であった。ここに「若《も》し兄弟相及《けいていあひおよ》ぼさば則《すなは》ち乱此《らんここ》より興《おこ》らむ」と語られているように、優秀な大勢の兄弟たちが、皇位継承に際して世の中を乱してきたことは、大筋において間違いのないところである。

そうして、持統天皇が退いて文武天皇が即位した。文武天皇は、天武天皇と持統天皇の間に生まれた草壁皇子の皇子であり、草壁皇子は前の皇太子でもあるので、皇統の血流を縦に流したことになる。国史『日本書紀』は持統天皇の御代で記述を終え、文武天皇の御代からは『続日本紀』が対象とする。文武元年は六九七年。時に文武天皇は十五歳だった。後宮を整えるのはこれからであり、もちろん、第一皇子の首皇子（後の聖武天皇）はこの時にはまだ生まれていない。

新しい皇位継承に関わる基準がこの頃定められたのか、「不改常典」（ふかいのじょうてん、あらたむまじきつねののり、かわるまじきつねののり）というものがこのころから存在するらしい。ただ、いつがその始まりかについては歴史関係の学会では論争があるらしいが、内容としてはこの皇統の血流を縦に流すことを意味しているらしいことが、この後の皇位継承からはうかがわれる。

「不改常典」は用例が多いわけではないが、その内容を知るうえで最もわかりやすい用例は聖武天皇の即位の詔《みことのり》であろう。文脈としては元明天皇から元正天皇に譲位したときに、元明天皇が元正天皇に指示した事柄があり、その中に「不改常典」は書かれている。

『続日本紀』巻九・神亀元年（七二四）二月甲午四日条に次のようにある。

此《これ》に依《よ》りて是《こ》の平城大宮《ならのおほみや》に現御《あきつみ》神《かみ》と坐《いま》して、大八《おほや》嶋国《しまくに》知らしめして、霊亀元年《れいくゐのはじめのとし》に、此《こ》の天日《あまつひ》嗣高御《つぎたかみ》座《くら》の業食国天下《わざをすくにあめのした》の政《まつりごと》を、朕《われ》に授《さづ》け賜ひ譲《ゆづ》り賜ひて、教《をし》へ賜ひ詔《の》り賜ひつらく、掛《か》けまくも畏《かしこ》き淡海大津宮《あふみのおほつのみや》に御宇《あめのしたしらしめ》しし倭根《やまとね》子《こ》天皇《すめらみこと》の、万《よろづ》世《よ》に改《かは》るましじき常《つね》の典《のり》と、立《た》て賜ひ敷《し》き賜へる法《のり》の随《まにま》に、後《のち》

平城宮故地（現奈良市西大寺東町の西隆寺跡から）

遂《つひ》には我子《わがこ》に、さだかにむくさかに、過《あやま》つ事《こと》無く授《さづ》け賜へと、負《おほ》せ賜ひ詔《の》り賜ひしに……

ここに書かれているように、「後遂《のちつひ》には我子《わがこ》に、さだかにむくさかに、過《あやま》つ事《こと》無く授《さづ》け賜へ」というのが、明確に意味を表している。

それが元正天皇から聖武天皇への譲位を指示しているので、「我子」というのが、血の繋がった自分の子と狭い意味に限定すると意味が分かりづらくなる。なぜならば、元正天皇は聖武天皇の叔母にあたるのであり、みずからの子供ではない。少し言い換えれば、直系とでも捉え直せば皇位継承の流れが見えやすくなる。

天智天皇・弘文天皇・天武天皇・持統天皇・文武天皇・元明天皇・元正天皇・聖武天皇・孝謙天皇・淳仁天皇・称徳天皇・光仁天皇・桓武天皇の順である。次頁の系図を見ていただければお分かりいただけるように、すべて天智一系といって外れない。より正確には天智・天武の父舒明天皇の一系と言うのがより正確かと思われる。

しかし、事はそれほど単純明快ではない。

聖武朝は長かった。西暦にして七二四年から七四九年まで二十六年にわたる。聖武天皇が天皇に即位する前に光明子は聖武の後宮に入っており、孝謙天皇は聖武朝が開始する七二四年より前の七一八年に誕生しており、聖武天皇から孝謙天皇への譲位は問題なく進んだように見えるが、聖武天皇にも男皇子が一人存在し、『本朝皇胤紹運録』には諱を基王という親王を載せている。

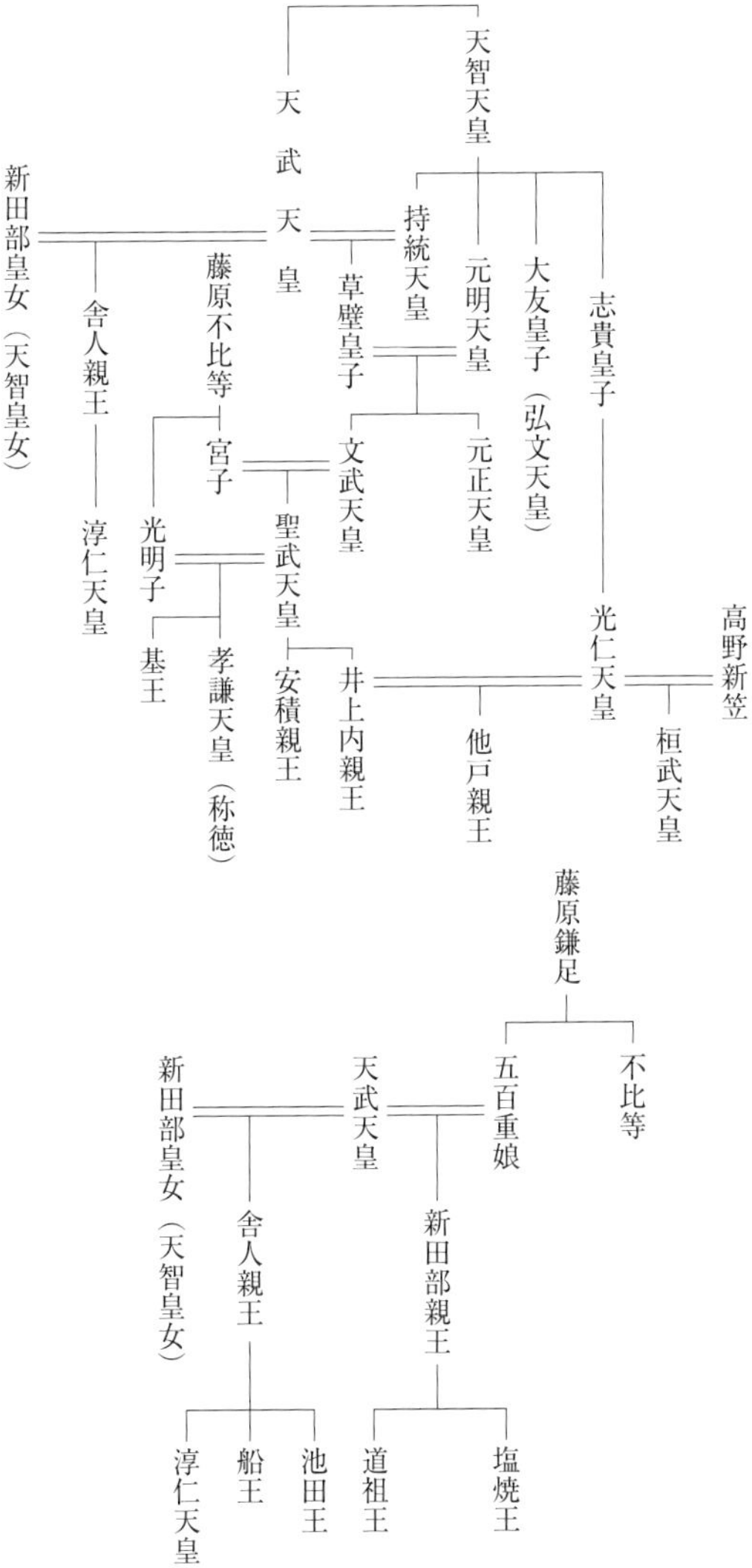
天智天皇
天武天皇
新田部皇女（天智皇女）
舎人親王
淳仁天皇
藤原不比等
宮子
光明子
基王
孝謙天皇（称徳）
持統天皇
草壁皇子
元明天皇
文武天皇
元正天皇
聖武天皇
安積親王
井上内親王
大友皇子（弘文天皇）
志貴皇子
光仁天皇
他戸親王
高野新笠
桓武天皇
藤原鎌足
五百重娘
不比等
天武天皇
新田部皇女（天智皇女）
舎人親王
新田部親王
淳仁天皇
船王
池田王
道祖王
塩焼王

図２　皇位継承関係図

聖武天皇と光明子は同年齢であり、十七歳の時に孝謙天皇が生誕していることを考えると、基王は孝謙天皇より年下であろう。『本朝皇胤紹運録』も孝謙天皇よりあとに基王を書いている。

基王は神亀四年（七二七）に立太子しており、皇位継承に光が見えたと思われるが、立太子の翌年に薨じてしまった。そして、基王の薨去した年、もう一人の男皇子安積親王が生まれた。母は県犬養広刀自であり、藤原氏からは脅威として見られたという。

基王が薨去した翌年、皇太子であった基王の母であるということで光明子が立后した。そして、光明子を母とする孝謙天皇が天平十年（七三八）に二十一歳で立太子したが、この年、安積親王は十一歳であり、男皇子は存在した。「不改常典」が男皇子への皇位継承を強く求めていたのであれば、孝謙天皇が立太子した時点で「不改常典」は守られなかったことになってしまうが、文武天皇が不予になった時に、子供の聖武天皇が幼少に過ぎて皇位が継承できない時にも、この一系の縦の流れの中で道を見つけることができれば、この「不改常典」の意味から外れないとされていたのではないだろうか。だから、直接実子の男皇子に継承されなくとも、また、中継ぎというような苦しい言い回しも必要なく、皇位継承を思量するには何らかの幅があり、いずれはしかるべく男皇子へと流れていけばよかったのではないだろうか。ただし、男皇子への志向はまったくなかったわけではないとは思われる。

その安積親王は十七歳で死去（七四四）しており、結局、男皇子への皇位継承は実現しなかった。安積親王の死去については、藤原氏による暗殺という推測があるという。

皇位継承については、かくのごとく辿られたが、聖武天皇の崩御（七五六）に際し、「遺詔」という形で次の皇太子が決められた。『続日本紀』巻十九・天平勝宝八歳五月乙夘甲寅朔二条に「是《こ》の日《ひ》。太上《だいじやう》天皇《てんわう》、寝殿《しむでん》に崩《かむあが》りましぬ。遺詔《ゐせう》して、中務卿《ちうむきやう》従四位上 道祖王《ふなとのおほきみ》を皇太子《ひつぎのみこ》としたまふ。」とある。道祖王は系図を見てもわかるとおり、母系で藤原氏に繋がり、光明皇后の意向が強く働いていることが察知される。

天皇が皇太子に譲位するときに次の皇太子を譲位する天皇の意向で決める。この形は、「遺詔」の用例を六国史で検索する限り、これ以前にはないのではないだろうか。

実はこれが後の安和の変にも関わるのであり、とりあえず、注目しておきたいと考える。

こうして言わば整った形で皇位継承の担い手となったにもかかわらず、この道祖王は、淫縦なふるまいのほか、様々に不評を買って、一年と経たずに廃太子となった。その間のいきさつについては『続日本紀』巻二十天平宝字元年（七五七）四月辛巳戊寅朔四条の勅《みことのり》に次のように書かれている。

勅《みことのり》して曰《のたま》はく、国《くに》は君《きみ》を以《もち》て主《あるじ》とし、君《きみ》は儲《まうけ》を以《もち》て固《かため》とす。是《ここ》を以《もち》て、先帝遺詔《せんていゐせう》して道祖《ふなと》王を立《た》てて、昇《のぼ》せて皇太子《ひつぎのみこ》としたまふ。而《しか》れども、王、諒闇《りやうあむ》未《いま》だ終《をは》らず、陵《みささぎ》の草《くさ》未乾《かは》かぬに、私《ひそか》に侍童《じどう》に通《つう》して先帝《せんてい》に恭《うやうや》しきこと無し。喪《も》に居《を》る礼《ゐや》、曾《かつ》て憂《うれへ》に合《あ》はず。機密《きみつ》の事《こと》も皆民間《みなみんかん》に漏《もら》せり。屡《しばしば》、勅教《ちょくけう》すと雖《いへど》も、猶悔《なほく》ゆる情《こころ》無し。好《この》みて婦言《ふげん》を用《もち》ゐて、稍《やや》く很戻多《こんれいおほ》し。忽《にはか》に春宮《しゅんぐ》を出《い》でて夜独《よるひと》り舎《いへ》に帰《かへ》る。云《い》へらく、臣為人拙《しんひととなりつたな》く愚《おろか》にして、重《おも》きを承《う》くるに堪《た》へずと。故《かれ》、朕竊《われひそか》に計《はか》りて、此《これ》を廃《はい》して大炊王《おほひのおほきみ》を立《た》てむとし、躬《み》自《みづか》ら三宝《さむほう》に乞《こ》ひ、神明《しんめい》に祷《いの》りて、政《まつりごと》の善悪《よしあし》、徴験《しるし》を示《しめ》さむことを願《ねが》ふ。……

天皇を持って主君とし、皇太子を持って国の固めとする。「儲」とは皇太子のことである。聖武先帝はそのことを思って道祖王を皇太子に立てた。しかし、諒闇も終わらず崩御後間もないというのに、先帝を敬わず、淫らで勝手放題、機密も守れず、教えても治らない。しかも「皇太子の任に堪えない」という。そこで、大炊王を新しく皇太子とし、道祖王を廃太子とすべく、三宝に乞い、天地神明に祈った。

大炊王は後の淳仁天皇であり、これで落ち着くのであるが、道祖王を廃太子とするのは動かないとして、その代わりの皇太子にはだれを立てるかについては、天皇は群臣を招集し、意見を聴取した。

道祖王の兄塩焼王を推す意見、舎人親王の皇子池田王を推す意見などが出されたが、道祖王に問題があったのだから、新田部皇子の皇子はやめて、舎人親王の皇子から選ぼうということになった。そして、船王は女性関係に問題があるとされ、池田王は孝に欠けるとされて、特に傷のない大炊王を立てようということになった。この間の事情も『続日本紀』に詳しい。

大炊王の母は山背上総守当麻年老の娘である。池田王、船王については『本朝皇胤紹運録』に母の名がない。

塩焼王にしようと意見を出したのは、藤原豊成・藤原永手の二人である。藤原豊成は藤原氏南家武智麻呂の子であり、藤原永手は藤原氏北家房前の子である。塩焼王は、父の新田部皇子の母が鎌足の娘五百重媛であることから、当然、藤原氏寄りの人選になったものと思われるが、道祖王も塩焼王も『本朝皇胤紹運録』には母の名がない。この皇位継承者の人選にどれほど「不改常典」の意味が斟酌されているかはわからないが、ここでは母系をあまり気にかけていないらしいことが推測される。

この皇太子の人選にあたって、藤原仲麻呂は「臣《しん》を知《し》るは君《きみ》に若《し》くは莫《な》し。子《こ》を知《し》るは父《ちち》に若《し》くは莫《な》し。唯《ただ》、天意《てんい》の所択《えら》びたまふ者《ひと》を奉《う》けたまはらむのみ」と正論を言ったという。それを受けて孝謙天皇は勅して問題点を挙げ、大炊王に決めたと『続日本紀』巻二十・天平宝字元年（七五七）四月辛巳戊寅朔四条には書いてある。塩焼王については聖武天皇に対して無礼なことがあったとしている。

藤原豊成の弟でもある仲麻呂が、この時、いかに政権を牛耳っていたかが彷彿とする話のようにも思えるが、この年、橘諸兄の長男である橘奈良麻呂は藤原仲麻呂の台頭を阻止しようと、廃太子となった道祖王を擁し、大伴古麻呂らと結託して政変を起こそうとした。しかし、事は事前に漏れて失敗し、奈良麻呂は獄死したのではないかとされている。また、仲麻呂の兄藤原豊成は連坐して大宰員外帥に左遷され、このあたりの仲麻呂の強権ぶりは、慎重に『続日本紀』などを読み解いて、説明する必要があろう。その中から最も象徴的な文言を抜き出して示しておくならば、「その男《をのこ》正四位上真先《まさき》、従四位下訓《く》儒麻呂《すまろ》朝猟《あさかり》を並《ならび》に参議《さむぎ》とし、従五位上小湯麻呂《をゆまろ》、従五位下薩雄《さつを》・辛加知《からかち》・執棹《さをとり》を皆衛府《みなゑふ》関国司《ぐゑんこくし》に任《にむ》す。その余《ほか》の顕要《けんえう》の官《くわん》も姻戚《いんせき》ならずといふこと莫《な》し。独《ひと》り権威《けんゐ》を擅《ほしきまにま》にして猜防日《さいばうひび》に甚《はなはだ》し」（巻二十五・天平宝字八年〈七六四〉九月壬子十八条）とあるのがわかりやすい。後に藤原豊成は許されて、天平宝字八年（七六四）に右大臣に復し、仲麻呂の讒訴により不当な目にあったとされている。

こうして、橘奈良麻呂は敗退し、藤原仲麻呂の権力は拡張されて、天平宝字二年（七五八）に淳仁天皇が即位する。

この間の皇位継承に関わる問題の特徴は、遺詔により皇太子が決められたこと、ところが品行により廃太子とされたこと、次の皇太子は群臣を集めて討議されたこと、時に権力を拡張していた仲麻呂が正論を言って天皇が大炊王を推したことである。

五、道鏡のこと

淳仁天皇（大炊王）が即位して、孝謙女帝は上皇となったが、その禁掖において寵愛を得、頭角を現したのが道鏡である。恵美押勝と名を変えた仲麻呂はその道鏡を排そうと兵を挙げた。これが仲麻呂の乱（天平宝字八年〈七六四〉九月）である。

仲麻呂は近江のほうへ兵を進め、塩焼王を立てて今皇としたが、軍士石村村主石楯《いはれのすぐりいはたて》に斬られた。

淳仁天皇は仲麻呂と結託して孝謙上皇を排斥しようとしたとして廃帝とされ、淡路に退けられた。その時の宣命（『続日本紀』巻二十五・天平宝字八年〈七六四〉十月壬申九条）に次のようにある。

然《しか》るに今《いま》の帝《みかど》として侍《はべ》る人《ひと》を此《こ》の年《とし》ごろ見《み》るに其《そ》の位《くらゐ》にも堪《あ》へず。是《これ》のみに在《あ》らず。今聞《いまき》くに、仲《なか》麻呂《まろ》と心《こころ》を同《おな》じくして竊《ひそか》に朕《われ》を掃《はら》はむと謀《はか》りけり。（中略）故《かれ》、是《ここ》を以《もち》て、帝《みかど》の位《くらゐ》をば退《しりぞ》け賜《たま》ひて、親王《みこ》の位《くらゐ》賜《たま》ひて淡路国《あはぢのくに》の公《きみ》と退《しりぞ》け賜《たま》ふと勅《の》りたまふ御命《おほみこと》を聞《き》きたまへと宣《の》る。

淳仁天皇が淡路の廃帝と称せられる所以である。

仲麻呂の乱は他にも皇子たちを動乱に誘ったらしく、船親王は仲麻呂と謀《はかりごと》をし、証拠の文書も出てきたということで隠岐に流され、池田親王は馬を集めて兵を挙げようとしたとして、土佐に流された。

このように、親王たちの離反が次々に発覚するに及んで、孝謙上皇はとうとう皇太子を置かない詔《みことのり》を発した。『続日本紀』巻二十五・天平宝字八年（七六四）十月丁丑十四条に次のようにある。

勝野鬼江故地（現滋賀県高島市勝野）
仲麻呂一派が処刑された地

現淡路陵（現兵庫県南あわじ市）

詔《みことのり》して曰《のたま》はく、「諸《もろもろ》奉侍《つかへまつ》る上中下《かみなかしも》の人等《ひとども》の念《おも》へらまく、国《くに》の鎮《しづめ》とは皇太子《ひつぎのみこ》を置《お》き定《さだ》めてし心《こころ》も安《やす》くおだひに在《あ》りと、常人《つねひと》の念《おも》ひ云《い》へる所《こと》に在《あ》り。然《しか》るに今《いま》の間《ま》此《こ》の太子《ひつぎのみこ》を定《さだ》め賜《たま》はず在《あ》る故《ゆゑ》は、人《ひと》の能《よ》けむと念《おも》ひて定《さだ》むるも必《かなら》ず能《よ》くしも在《あ》らず。天《あめ》の授《さづ》けぬを得《え》て在《あ》る人《ひと》は、受《う》けても全《また》く坐《いま》す物《もの》にも在《あ》らず。後《のち》に壊《やぶ》れぬ。故《かれ》、是《ここ》を以《もち》て念《おも》へば、人授《ひとさづ》くるに依《よ》りても得《え》ず、力《ちから》を以《もち》て競《あらそ》ふべき物《もの》にも在《あ》らず。猶天《なほあめ》のゆるして授《さづ》くべき人《ひと》は在《あ》らむと念《おも》ひて定《さだ》め賜《たま》はぬにこそあれ。此《こ》の天《あま》つ日嗣《ひつぎ》の位《くらゐ》を朕一《われひと》り貪《むさぼ》りて後《のち》の継《つぎ》を定《さだ》めじとには在《あ》らず。今《いま》しきの間《ま》は念《おも》ひ見定《みさだ》めむに天《あめ》の授《さづ》け賜《たま》はむところは漸漸《やくやく》に現《あらは》れなむと念《おも》ひてなも定《さだ》め賜《たま》はぬと勅《の》りたまふ御命《おほみこと》を、諸聞《もろもろき》きたまへと勅《の》る。復勅《またの》りたまはく、人人己《ひとびとおの》がひきひき此《こ》の人《ひと》を立《た》てて我《わ》が功《いさを》と成《な》さむと念《おも》ひて君《きみ》の位《くらゐ》を謀《はか》り、竊《ひそか》に心《こころ》を通《かよ》はして人《ひと》をいざなひすすむこと莫《な》かれ。己《おの》がえし成《な》さぬ事《こと》を謀《はか》るとそ先祖《とほつおや》の門《かど》も滅《ほろぼ》し継《つぎ》も絶《た》ちぬる。今以後《よりのち》には明《あき》らかに貞《ただ》しき心《こころ》を以《もち》てかにかくにと念《おも》ひさまたぐ事《こと》なくして教《をし》へ賜《たま》ひのまにま奉侍《つかへまつ》れと勅《の》りたまふ御命《おほみこと》を、諸聞《もろもろき》きたまへと勅《の》る」。とのたまふ。

人が良かれと思って推す人も必ずしも良くはなく、やはり天命によって定められることが望まれるとする。また、決して、自らの身びいきで皇位を考えてはならぬともいう。

少なくとも、次の皇太子を誰にするかと議論を持ちかけると、必ずしも適任ではない皇子が推されたりするという、その時点での状況を踏まえたものであることは間違いがない。また、人の欲が自らの都合で皇位継承者を見つけるということも、当時の状況を踏まえたものと言って良いと思われる。

この時、孝謙上皇は自らの重祚は予定していたとして、道鏡が大臣禅師の位に対して上表し辞退したときに直ちに勅を発して「然《しか》れども、仏《ほとけ》の教《をしへ》を隆《さかり》にせむと欲《ねが》ふに、高《たか》き位《くらゐ》無くは衆《しゆ》を服《ふく》すること得《え》じ。緇徒《しと》を勧奨《くわんしやう》するに、顕栄《けんゑい》に非《あら》ずは。速《すみやか》に進《すす》ましむること難《かた》からむ」（『続日本紀』巻二十五・天平宝字八年〈七六四〉九月壬戌廿八条）と考えた、この道鏡への肩入れをしようとする思いはどのあたりまで皇位に絡むものとして意識されていたのであろうか。少なくとも、皇太子を置かないことを是認する姿勢は、皇位継承に大変大きな危機を意味することは間違いがなく、皇太子を立てないという論に及んで不改常典に言及がないのも不審としか言いようがないように思える。ましてや、天命を受けた人物の登場を期待するというのは、そこに思いがけない人物の登場を容認する可能性を孕んでいると考えざるを得ないようにも思われる。

孝謙上皇は重祚して称徳天皇と称し、道鏡は大臣禅師から法王にまで昇ったが、皇太子を立てないまま、宝亀元年（七七〇）八月に称徳天皇は崩御する。歴史としてはここが大問題である。

その称徳天皇崩御の少し前に、塩焼王の子志計志麿を皇位継承者に立てようとした事件が起きた。首謀者は犬部姉女《いぬべのあねめ》としているが、『続日本紀』を読み進めている限りでは、不破内親王を京外に追放したことと何らかの関係があるらしいと読める。これも、皇太子を置いていないことの間隙を縫う事件として注目され、皇太子をしっかり置いて政権を運用することが、当時においていかに重要なことであったかがわかるのである。

その事件が神護景雲三年（七六九）五月のことであり、その年の九月には大宰主神《だいさいのかむつかさ》習宜阿曾麻呂《すげのあそまろ》が宇

宇佐八幡宮（現大分県宇佐市）　八幡宮の総本宮

佐八幡宮のお告げとしてこう言い立てた。それは「道鏡《だうきやう》をして皇位《くわうゐ》に即《つ》かしめば、天下太平《あめのしたおほきにたひらか》ならむ」（『続日本紀』神護景雲三年九月二十五日条）というものである。そこには「道鏡《だうきやう》これを聞《き》きて、深《ふか》く喜《よろこ》びて自負《じふ》す」ともある。

何か作り物語以上にストーリーがしっかりしていて、ハラハラしてきそうなことの運びを感じる。

そして、称徳天皇の夢にも宇佐八幡の神が現れ、託宣を伝えるので和気清麿の姉である尼法均をよこすように言ったという。法均は体が軟弱であったため、天皇は法均の代わりに清麿を行かせることにした。

清麿が宇佐八幡宮の託宣として受けてきた内容と以後の展開は次のとおりである。

大神託宣《おほかみたくせん》して曰《のたま》はく、我《わ》が国家《くに》開闢《ひら》けてより以来《このかた》、君臣定《くんしんさだま》りぬ。臣《しん》を以《もち》て君《きみ》とすることは、未《いま》だ有らず。天《あめ》の日《ひ》嗣《つぎ》は必《かなら》ず皇緒《くわうしよ》を立《た》てよ。无道《むだう》の人《ひと》は、早《すみや》かに掃《はら》ひ除《のぞ》くべしと。清麻呂《きよまろ》来帰《かへりきた》りて、奏《そう》することと神《かみ》の教《みをしへ》の如《ごと》し。是《ここ》に道鏡《だうきやう》大《おほ》きに怒《いか》りて、清麿《きよまろ》が本官《ほんくわん》を解《と》きて、出《いだ》して因幡員外介《いなばのいんぐゑのすけ》とす。未《いま》だ任所《にんしよ》に之《ゆ》かぬに、尋《つ》ぎて詔《みことのり》有りて、除名《じよみやう》して大隅《おほすみ》に配《なが》す。その姉法均《あねほふきん》は還俗《ぐゑんぞく》せしめて

備後《きびのみちのしり》に配《なが》す。（『続日本紀』巻三十・神護景雲三年〈七六九〉九月己丑廿五条）

道鏡の思惑は見事に外れ、皇位継承を「不改常典」の趣旨に戻すこの清磨の動きは、夢や神がここまで現実味を帯びてくることに対して真実味を感じないわれわれ現代人には、清磨の意図的勝利としか解せないが、当時のまさに歴史的現場に居合わせた人々は、やはり宇佐八幡の神の歴史的真眼の確かさと信じたのではないだろうか。

清磨と姉の法均は道鏡によって流されるが、この翌年、称徳天皇は崩御し、道鏡は流され、清磨と姉は都に帰されて、事の流れが修正されていくことは、よく御存じのことかと思う。

こういう流れからすると、道鏡は「皇緒」ではないことになるが、『本朝皇胤紹運録』は志貴（施基）皇子の子供の中に、光仁天皇の弟の位置に道鏡を掲げる。何らかの間違いからこうなったのかと思われるが、道鏡は「皇緒」ではないとして、この論は進めていきたい。

帝として相応しくない者は、仮に即位したとしても帝位を維持できず、むしろ逆に身を滅ぼすことになるという強い信念は、称徳天皇代の終わり近くには『続日本紀』の中で繰り返し書かれる。その強い思いは理解できないものではないが、逆に考えれば、道鏡のような形で、ある種の正攻法をもって、これが天命であるとして帝位に即くようなことも、ありえないこととは思えない側面を持っている。そういう意味からも、宇佐八幡の託宣として伝えられた清磨の正当論は、歴史の機軸を語る場合には、欠くことのできない観点のように思われてならない。

六、光仁天皇の即位

さて、称徳天皇が崩御して、「天《あめ》の日《ひ》嗣《つぎ》は必《かなら》ず皇緒《くわうしよ》を立《た》てよ」との託宣に従い、藤原百川らの推挙によって白壁王が皇位継承者となり、光仁天皇として即位した。宝亀元年（七七〇）十月のことである。

翌月十一月には井上内親王が皇后となり、年が明けて一月には、光仁天皇と井上皇后の間に生まれた他戸《おさべ》親王が皇太子となった。「皇緒」の名の下、体制が急遽整えられたという印象である。

この光仁天皇が即位するときの話として、百川伝に興味を引く逸話が載っている。

天皇が崩御となるも、皇太子は立っていなかった。そこで、右大臣吉備真備らが議論して長親王（天武天皇の皇子）の子である御史大夫従二位文室浄三真人を皇太子に立てようとした。百川は左大臣永手・内大臣良継と共に、「浄三真人は子供が十三人いる。後世に問題が起こらないか」と言った。しかし、真備らは聞き入れず、浄三真人を皇太子とした。しかし、浄三真人は固辞した。そこで次に、その弟の参議従三位文室大市真人を皇太子とした。ところが、これも固辞した。そこで、百川は左大臣永手・内大臣良継と策略を練って、偽の宣命をこしらえて庭に立って読み上げ、白壁王を皇太子とすることができた。

この逸話の中にはポイントが二つあるように思われる。

その一つは、皇太子という位のあまりの重さに、喜んでなるどころか、辞退するものが多く、むしろそれが通常であったと思われることである。これは、不適任と判定されると身を滅ぼすことになるということへの警戒心もあったかと思われる。それも、本人の能力とは関係なく、背後に立つ臣下の人間関係による場合も多くあるから、慎重にならざるを得ないのであろう。

そしてもう一つは、子孫が多いと、将来が安心というのではなく、逆に、将来に問題が起こるのではないかと懸念されるという点である。これは、子孫が多く、それらが優秀であればあるほど、また、皇位継承をめぐって争うというようなことが起こらないとも限らないということを表しているように思われる。

一見めでたいと思われることも、それがどういう歴史的社会的状況を作るかということを考えると、必ずしも無条件に喜べない歴史のむつかしさがそこにある。

こうして、光仁天皇が即位して、翌月十一月には井上内親王が皇后となり、年が明けて一月には、光仁天皇と井上皇后の間に生まれた他戸《おさべ》親王が皇太子となったが、翌年の宝亀三年三月には井上皇后は廃后となり、五月には他戸親王が廃太子となる。これもまた仰天の展開である。

『続日本紀』に依れば、井上内親王の罪は巫蠱《ふこ》とも厭魅《えんみ》・大逆《だいぎゃく》とも書かれているが、要するに、光仁天皇を呪い殺そうとしたらしい。その呪詛はたびたび露見したので、井上内親王を母とする他戸親王を皇太子の位から廃するとしている。

何とも分かりにくい話のように思えるが、これだけの記事からは、井上内親王が夫である光仁天皇を

現井上内親王墓（現奈良県五條市）

殺して、子供の他戸親王の即位を急いだというストーリーしか伝わってこない。しかし、歴史学者は当然そこに裏を読むので、他戸親王を廃位に追い込んで桓武天皇を皇太子にしようとした藤原氏の動きを読もうとする。このあたりの皇位継承に絡む動きも、政治権力の実質に絡んだ動きが想定され、若い皇太子はもてあそばれている感がある。

こうして宝亀四年（七七三）一月には山部親王（桓武天皇）を皇太子とし、同年十月には光仁天皇の同母の姉が薨去するが、井上内親王と他戸王は呪詛した罪で幽閉されている。この二人は宝亀六年四月二十七日に同日に死去しており、その死については不審視する向きが多い。

七、桓武天皇の即位

時は進み、時代は変わっても、このように皇位継承の問題はほとんど切れることなく続いていく。

こうして、天応元年（七八一）四月三日光仁天皇の譲位により桓武天皇が即位する。そして翌日には早良親王が皇太子となる。早良親王は桓武天皇とは年齢は少し離れていると思われるが同母弟であり、天皇と東宮が兄弟で並ぶという久しくなかった形がここでできることとなる。壬申の乱の核となった天智・天武以来のことではないだろうか。

これはおそらく不改常典に反すると思われるが、不改常典は事実の諸事情を勘案しているうちに、原則としては乖離していくこととなり、いつの間にか忘れ去られていったのかもしれない。

ここで思い起こさなければならないのは、大友皇子の皇子である葛野王の意見ではないだろうか。

高市皇子薨去ののち、持統天皇が後継者をめぐる議論をするために会議を招請したことはすでに述べたとおりである。そこで採用されたのが葛野王の意見である。それは「我が国家《みかど》の法《のり》と為《な》る、神代《かみよ》より以来《このかた》、子《し》孫相承《そんあひう》けて、天位《てんゐ》を襲《つ》げり。若《も》し兄弟相及《けいていあひおよ》ぼさば則《すなは》ち乱此《らんこ》より興《おこ》らむ。仰《あふ》ぎて天心《てんしん》を論《かた》らふに、誰か能《よ》く敢《あ》へて測《はか》らむ。然《しか》すがに人事《じんじ》を以ちて推《お》さば、聖嗣《せいし》自然《おのづから》に定《さだ》まれり。此の外《ほか》に誰か敢へて間《かん》然《ぜん》せむや」という論であった。

皇位を継承できるほどの優秀な人材が横に並べば乱になる。そういう言い方はしていないが、ここで具体的に見据えられている歴史的事情とはそういうことなのだと思われる。たくさんでなければ良いとも言っていない。要するに対立を構造的に生む要因がそこに醸成されるというのではないだろうか。

だからここで、桓武天皇が即位し、同母弟早良親王が皇太子となることで、またしても同じ構造が生まれることになった。当時の人にそれがわからなかったはずはない。むしろ時代から、その対立を構造的に生む要因に歴史的契機を感じ、そこを捉えて上昇志向を描こうとした人物が増えていたのかもしれないとさえ思うのである。

この早良親王は、藤原種継暗殺事件に巻き込まれた。

藤原種継は桓武天皇から大きな期待を受け、長岡京遷都を積極的に推進していた。時は延暦四年（七八五）九月二十三日、平城京を出発して長岡京の進み具合を視察する藤原種継を二本の矢が射抜いた。当然、犯人捜査があり、容疑は大伴家持にもかけられた。その家持が語った中に、大伴氏と佐伯氏が共謀して種継を排除し、早良親王を立てて世の中を采配していこうとする計画があった。

種継を排除することは桓武天皇の意向に反することであり、当然、謀反ということになる。

長岡京大極殿跡（現京都府向日市）

このとき、早良親王自身はそういう謀略にどの程度関わったのかははっきりしない。しかし、ここまでの皇位継承に関わる様々な事件を見てきた中にも同じようなことがあった。優秀で善良な皇子はこういう謀略に声をかけられやすく、事件の中枢を担う存在として巻き込まれ、不幸にも若くして生涯を終える。ここに同じような歴史がもう一度繰り返されたのである。

早良親王の場合はその後日談も無視できない。

種継暗殺事件があった年の十一月には、十二歳になった桓武天皇の第一子安殿親王（後の平城天皇）が皇太子となった。この安殿親王が延暦十一年に病にかかり、長く治らなかったので卜占にかけたところ、早良親王の祟りだということになった。

早良親王は、その時にはすでに崇道天皇の称号が追贈されており、名誉回復は図られていたのであるが、これ以後も、早良親王の祟りは国家レベルで強く恐れられた。

今日的な安直な善悪感からすると、無実の早良親王を罪に処したために、早良親王は祟りとなって安殿親王以下を苦しめたと考えたくなるが、多分、平安時代の祟りは善悪を超越して機能し、人知を超えて苦しんだであろうと目される高い気質の人物には、この祟る力を付与されたのではなかったか。だから、善良な人物もこの祟りからは逃れられなかった。源氏物語のような作品に徴しても、そういう傾向は明らかであり、平安時代を通して描かれる〝狂気〟も同一線上にあると思われる。

八、氷上川継の乱

延暦四年の種継暗殺事件よりさかのぼること三年、延暦元年（七八二）に氷上川継の乱が起こっている。これは早良親王の立太子（天応元年〈七八一〉四月）の翌年のことである。天皇と東宮が安定した治世を敷いて君臨していたならば、謀反のような事件は起きにくい環境にあったと思われるが、氷上川継の乱は謀反事件である。『一代要記』にはこの立太子の時の早良親王の年齢を三十二と記しているが、時代の動きを捉える上で興味深い。

事の真偽はきわめてわかりにくいが、ひとまず系図を見ていただくと時代の状況はある程度わかると

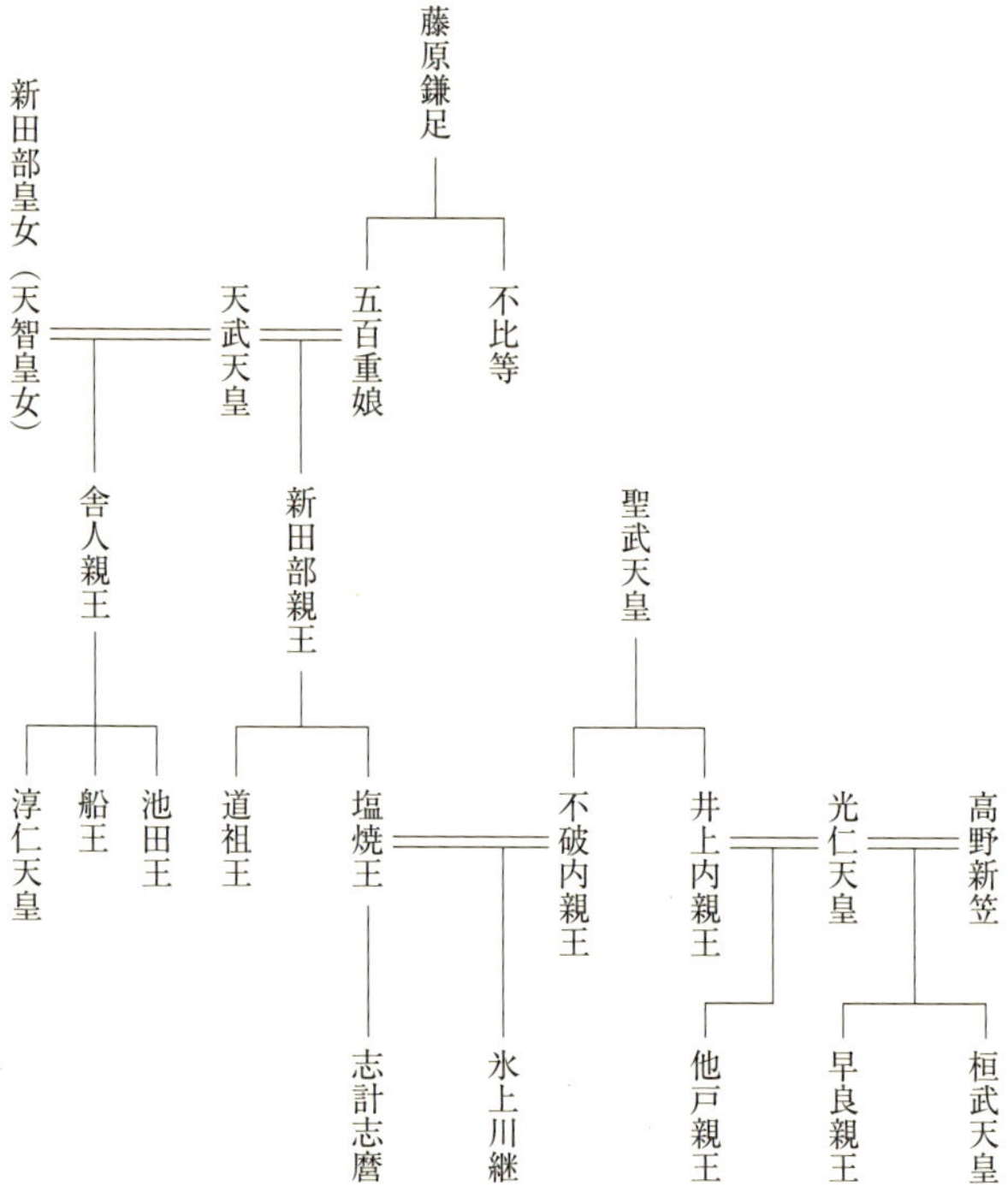

図３　氷上川継の位置

思う。

氷上川継は聖武天皇の孫であり、聖武天皇の孫という意味では桓武天皇と対等である。そして乱の一年前に立太子した早良親王も対等といえば対等である。

光仁天皇が即位した時、皇太子になったのは他戸親王である。時に他戸親王は十二歳であったが、立太子した翌年に母の井上内親王が大逆罪により后位を廃され、他戸親王も廃太子となった。井上内親王のことについては繰り返さないが、こうして桓武天皇が皇太子となったのである。

そういう動きを同じ時代に生

きて氷上川継がどう感じたか。事実のほどはわからないが、自ら皇位継承の網に絡まる可能性は感じたとしてもおかしくはない状況だったと言えるのではないだろうか。

氷上川継の父は塩焼王であり、塩焼王については既に詳しく扱ったので繰り返さないが、塩焼王は仲麻呂の乱（天平宝字八年〈七六四〉九月）において〝今皇〟と奉られたことがあり、塩焼王の子志計志麿は皇位継承者に立てられようとした事件もあった。つまり、常に氷上家は皇位継承に絡んだところにあり、そういう存在として自ら振る舞おうとしたり、他から行動を解釈されたりしたものと思われるのである。

九、伊予親王の変

平城天皇の御代となり、大同二年（八〇七）に伊予親王の変が起こった。この大同二年のことは『日本後紀』には脱落している。『日本後紀』では巻十五と巻十六が欠脱しており、どういう事情によるものかはっきりしないが、伊予親王の変に関しては『日本紀略』により補い知ることができる。

それによると、藤原宗成が伊予親王と謀反を図り、そのことを藤原雄友が右大臣藤原内麿に通告した。そこで宗成が捕らえられた。宗成は謀反のことにつき取り調べを受けたが、宗成は、首謀者は親王だと言った。そこで百五十人の兵が親王第を取り囲んだ。この乱のせいで大嘗会は中止となり、伊予親王と母の藤原吉子は幽閉され、食事を与えられなかった。伊予親王は親王を廃され、母子ともに服毒自殺をし、時の人はそのことを悲しんだ。藤原宗成は配流された。

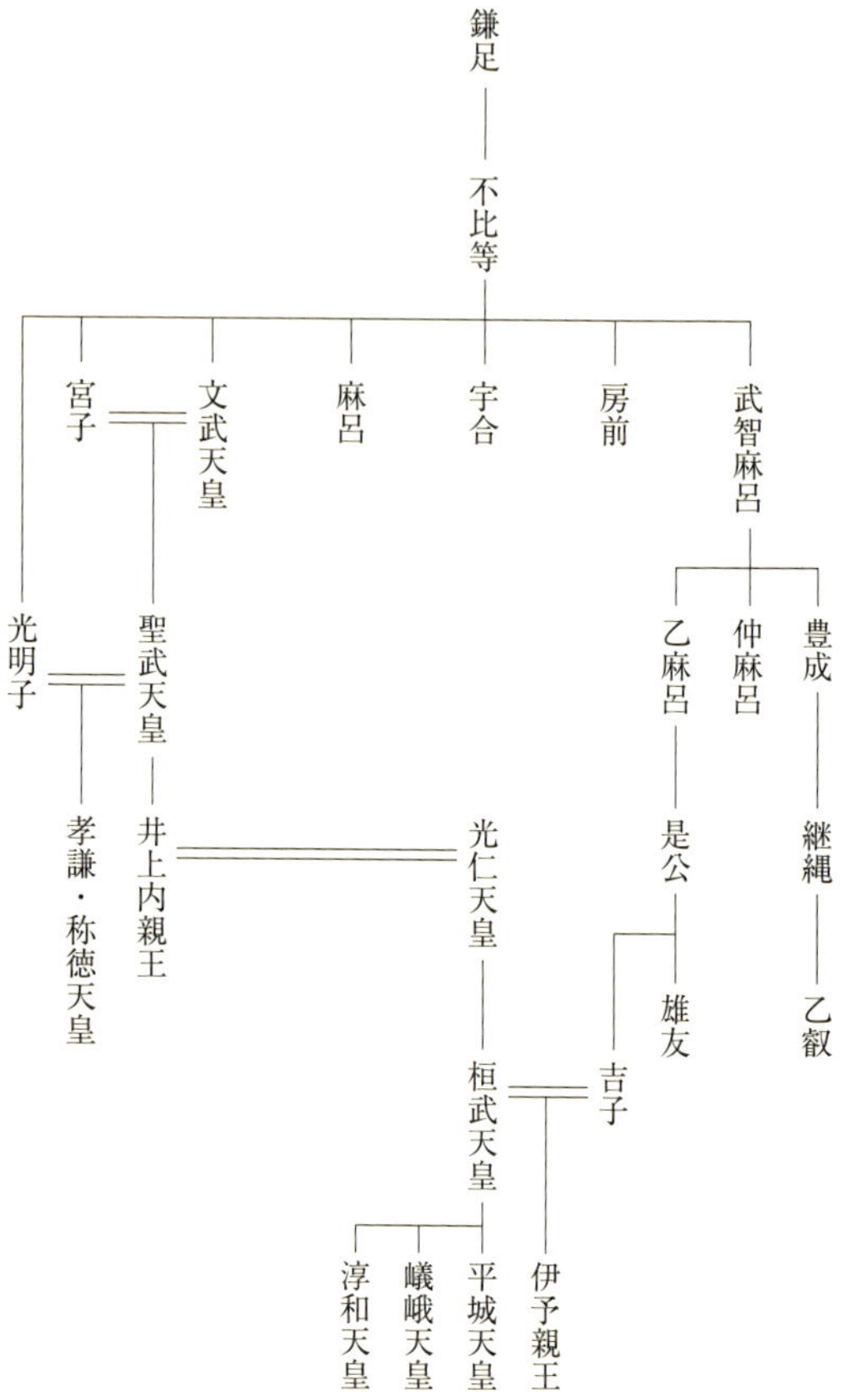

図４　伊予親王の位置

『本朝皇胤紹運録』には餓死と書かれているが、服毒自殺のことは伊予親王の頭注にも書かれている。いずれも『日本紀略』からの書入れであろう。

伊予親王の変が起こった大同二年は、時の帝は平城天皇であり、皇太弟として後の嵯峨天皇が立太子していた。このあたり、弟が立太子する形が継続していく。より期待される弟が認知されるとその人物を立てて謀反を企てようとする試みが発生する。またしてもそういうことなのか、さらに弟の伊予親王を立てようとして変が起こった。歴史的な教訓はまったく生かされていない。

ここで『公卿補任』を開けてみると、大同二年には大納言藤原雄友と中納言藤原乙叡の二人が伊予親王のことに連座しており、雄友は伊予親王の外舅（妻の父）であるという理由で伊予の国に流され、乙叡は官を解かれている。

先に見た『日本紀略』では、藤原宗成が伊予親王と謀反を図り、そのことを藤原雄友が右大臣藤原内麿に通告していた。事の推移を見れば雄友は事を明らかにするのに寄与しているので連座に処され、配流されるはずなどないと思われるが、『公卿補任』では伊予親王の外舅であるという理由で伊予の国に流されたとあるので、当時の考え方からすれば、伊予親王に与する立場にあるという事実の方が強く意識されたということであろう。

十、皇太子問題ではない皇位継承問題

皇位継承問題は、どう継承されていくかということで、常に皇太子に誰を立てるかという問題ででもあるという形になっていた。しかし、桓武天皇、平城天皇、嵯峨天皇と進む歴代の頃、それまでとは異なる皇位継承問題も起こった。

平城天皇は桓武天皇の崩御により大同元年（八〇六）に即位する。次期東宮には神野親王（後の嵯峨天

皇）を立てて皇太弟とした。

薬子の乱は歴史上よくしられたことであるので、あまり詳しくは説明しないが、平城天皇の退位後、薬子が兄の仲成と謀って平城を重祚しようとした事件である。事は嵯峨朝始まってすぐの大同四年に起こった。

そもそもなぜ平城天皇が嵯峨天皇に譲位したのかというと、『日本後紀』大同四年四月一日の条には「寝膳不安」と書いてある。体調不良というよりは病著しいためと読むべきかと思われるが、そうしてなされた譲位であるにもかかわらず、薬子は、平城太上天皇が言ってもいないことを言ったとして都を二つ作り、旧都平城京に太上天皇を立て、天下を混乱させたというようなことが、『日本後紀』の記事として書かれている。

これは、誰を次の太子に立てるかという目線とは大きく異なって、単なる狭隘な権力欲からの事件と読めるので、皇位継承問題の線からは少し逸脱するようにも思えるが、いちおう、皇位継承問題であることに違いはないので、この件も掲げておいた。

十一、『伊勢物語』の世界とは

いきなり『伊勢物語』が出てきて驚かれた方もあるかもしれないが、『伊勢物語』に登場する人物がある種の塊を形成しているという指摘は古くからある。今その説を紹介することは避けるが、『伊勢物

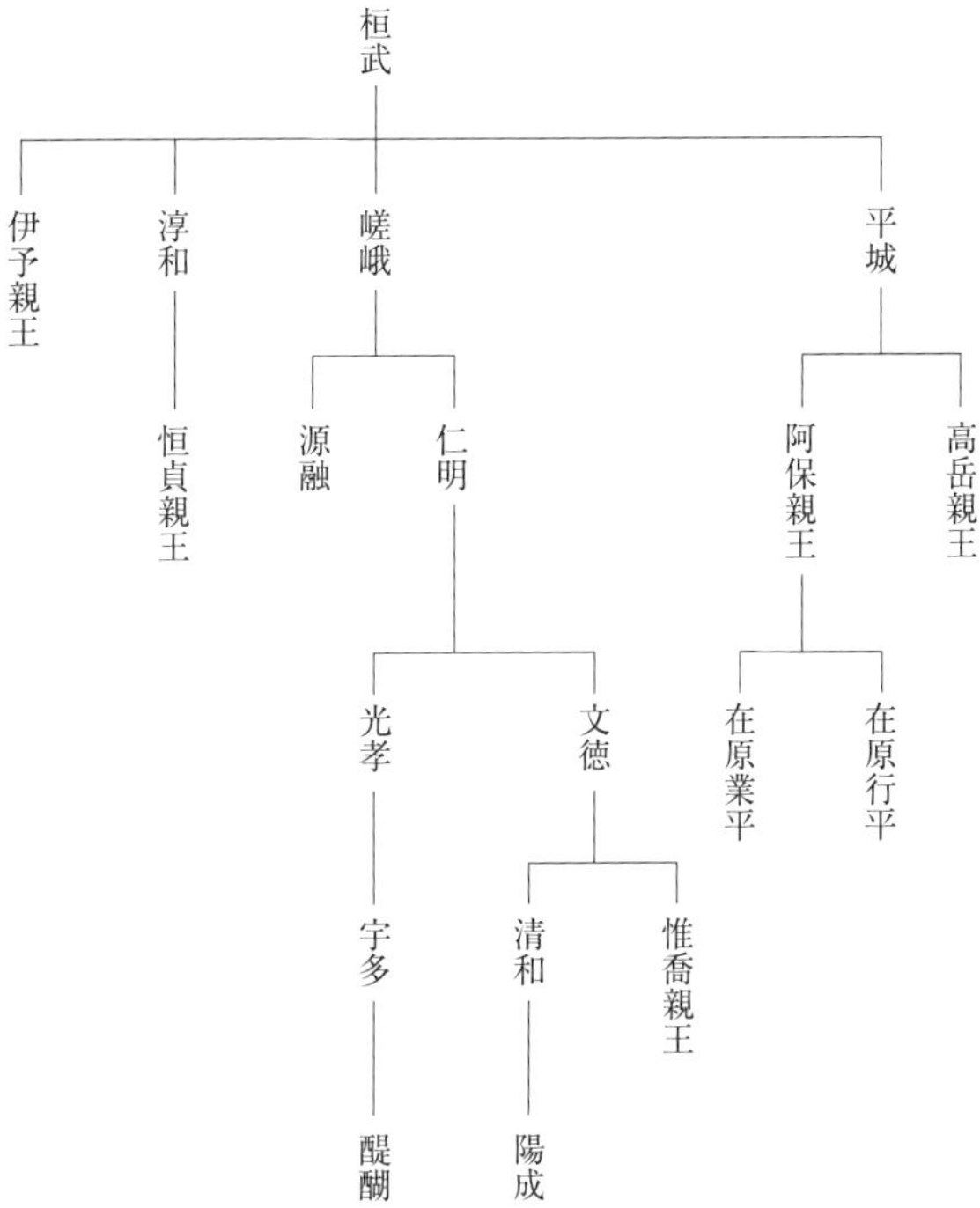

図５　業平と皇位継承関係図

語』の索引をお持ちの方は実名が推定されたりする人物を検索してみていただきたい。

主人公とされている在原業平は父が阿保親王だった。

阿保親王は平城天皇の皇子であり、薬子の変の処理の一環かと思われるが、『日本後紀』弘仁元年（八一〇）九月十九日条によれば、四品阿保親王が大宰権帥に任命されている。

薬子の変では時の皇太子であった平城天皇皇子高岳親王が廃されて後の淳和天皇が皇太弟として立った。それが弘仁元年九月十三日であるので、阿保親王も平城天皇の皇子として配流の憂き目を見たと解するのが正当であろう。

阿保親王は天長元年（八二四）に、父平城の崩御により帰京を許され、その後は要職を歴任するが、皇位継承の流れの中で、憂き目を見た人物の中に居る。在原業平は父阿保親王が帰京してすぐの出生ではあるが、父の居た歴史的環境を否応なく感じながら生き続けた。父の死は承和九年（八四二）であり、業平十八歳の時のことである。

承和九年は承和の変の年である。

承和の変とは、仁明天皇の皇太子恒貞親王（淳和天皇第二皇子）が伴健岑・橘逸勢らに奉じられて謀反に関わり、発覚して皇太子から廃された事件である。天長十年（八三三）に淳和天皇が譲位し、嵯峨皇子の仁明天皇が即位した時に恒貞親王は皇太子になった。承和七年に淳和上皇が崩御し、同九年に嵯峨上皇が崩御した。そして伴健岑・橘逸勢らの謀反が明らかになった。

この承和の変が表沙汰になったのはひとえに阿保親王の告発による。このことは『続日本後紀』承和九年七月十七日条に明記されている。それに依れば、阿保親王は嵯峨天皇の太皇太后宮橘嘉智子に密書を送り、嘉智子は藤原良房にその書状を見せた。その書状には伴健岑が嵯峨上皇崩御のこの時、皇子を奉って東国に向かい、国家の乱を起こすというものであった。書面には多々記載があったが、『続日本後紀』には記載しきれない、とある。

この承和の変に藤原良房の陰謀を推定するのが通常のようであるが、当時の人々が良房に対してそのような陰謀を感じ取ったかどうかはわからない。むしろ、当時は、『続日本後紀』に記載の通りに歴史を理解していたものと思われる。

その後の皇位継承もさまざまな事情が絡んでいる。

文徳天皇には皇子に惟喬親王がいる。

惟喬親王は承和十一年（八四四）に生誕。母は紀静子だった。時の天皇は仁明天皇である。承和の変後、道康親王（後の文徳天皇）が立太子していた。皇太子に男皇子が誕生したことで皇位継承はひとまず安泰と思われたのではないだろうか。

小野里故地（現京都市左京区八瀬秋元町）
「元三大師道」の起点

小野宮故地（現京都市中京区松竹町）　惟喬親王から藤原実頼、実資へと伝領された

この惟喬親王の皇位継承に絡む事件は『大鏡』巻一・清和天皇の項に「惟喬親王の東宮あらそひしたまひけんもこの御事とこそおぼゆれ」と書かれ、『大鏡裏書』にはそのころ人々によって歌われた歌謡が記されている。それは以下のようなものである。

大枝ヲ超エテ奔リ超エテ騰リ躍ルトナカル

超エテ我レナ護ル田ニナ捜ル食モ志岐ナ雌雄志岐ナ

やや解釈しにくいが、『大鏡裏書』は続きにこの歌謡について、「識者オモヘラク大枝ハ大兄ヲ謂フナリ。是ノ時文徳天皇四皇子有リ。第一惟喬第二惟条第三惟彦第四惟仁。天意若シ曰ク三兄ヲ超エテ立ツカ。故ニ此ノ三超ノ謡有ルカ」と解説している。惟仁親王は後の清和天皇のことであり、上の三人は『本朝皇胤紹運録』によって確かめられる。

『大鏡裏書』には次いで承平元年（九三一）九月四日の参議実頼の談を記し、昔から言われていることとして応天門の変に至るまでの長い話を載せている。

それによれば、文徳天皇は惟喬親王を最愛の皇子としていたが、皇太子の座には幼い惟仁がすでにあり、惟仁は生後八ヶ月で立太子していた。文徳天皇は惟仁があまりに幼いこともあり、しばらくは惟喬親王を皇太子に立て、惟仁が大きくなったら譲るようにしてはどうかと考えた。

文徳天皇が即位し、惟仁が立太子していた頃、惟仁の祖父は斉衡四年（八五七）に太政大臣となる藤原良房であり、文徳天皇は良房の手前、遠慮して言い出せないでいた。そこで良房は帝の意向を思量し皇太子の座を譲ろうとした。

しかし、時の天文を司る藤原三仁がそのような事象は天文に現れていない、だからうまくいかないと進言した。

文徳天皇は良房の次の地位にあった源信に惟喬親王を立太子させられないか相談する。源信は、現皇太子惟仁に罪があるなら廃して惟喬親王を立太子させることはあり得ても、罪がないなら交替は有り得ないと答えた。

そうして惟喬親王のことは実現しないまま文徳天皇は崩御し、話は応天門の変へと進んでいく。

惟喬親王のことが実現しなかったのは、惟喬親王の母が紀名虎の女の静子だったからという説明をするのが今日の歴史家の常かと思われるが、このように、策謀がらみでなく皇位継承の問題が起こるということもこの頃には出てくるのである。

この惟喬親王のことが『伊勢物語』に出てくることはおおかたご承知のことと思う。

十二、藤原高子のこと

『伊勢物語』に絡んで、もう一つ皇位継承の問題を指摘しておく必要がある。

それは、二条后藤原高子のことである。

しかし、藤原高子のことは陽成天皇の母であることとも絡んで、本書の冒頭に近いあたりでかなり詳しく触れたのでここでは繰り返さない。

この藤原高子のことは廃后の問題とも絡んで『源氏物語』の藤壺の造型にも関わり、『伊勢物語』に置かれる歴史的背景に登場する人物達は、『源氏物語』の歴史的原点とも大きく関わるところである。

一つ一つの史実が『源氏物語』の歴史的風景とどう重なるかは興味の尽きない問題であるが、『源氏物語』の構想として史実が限定的に寄せきれないところが『源氏物語』の歴史的厚みであると言えるかもしれない。

平安時代の『源氏物語』『栄花物語』が書かれる頃には、かなり文化人達の間には広く深い歴史知識が広がっていたと言えるのであり、その層をなす史実の中心的な重みとして皇位継承に関わる問題があるのである。

本書はここまでその一事につき十分な論拠を示すために史実を紡いできたのである。

皇位継承に関わる問題としては、歴史的順序としては源融のこともここで触れなければならないが、これも本書冒頭のあたりで触れているので繰り返さないこととする。

十三、菅原道真のこと

さて、『栄花物語』の世界にはいる前にもう一つ押さえておかなければならない大きな史実がある。

それは、菅原道真の事件である。

史実としてはあまりによく知られているので、ここで筆を多く割くことはせず、『大鏡』などに書き留められた話がいかに人々の人口に膾炙したかを確認していただくことに筆を費やしたいと思う。

ただ、簡単に事実関係だけは示しておきたい。

道真の左遷事件は延喜元年（九〇一）に起こる。

事件は、時平の讒奏による。その讒奏は、道真が醍醐天皇を廃し、女婿斉世親王（宇多天皇皇子、醍醐天皇弟）を皇位につけようとしたと天皇に奏上したというものである。その讒奏により、醍醐天皇が道真を大宰権帥に左遷したというのが事件の全容である。ここでも皇位継承問題にまた一つバリエーションが増えたと捉えることもできよう。

大宰府〔都府楼跡〕（現福岡県太宰府市）

道真の大宰府配流について、さまざまなストーリーが巷間にあふれ、とりわけ『大鏡』に連綿と記載されたことによって、皇位継承問題の最も新しく衝撃的な事件として扱われたことが理解されるのである。

道真は都に戻ることなく大宰府で最期を迎えるが、そのことも道真物語の悲劇性を増したものと思われる。

その後の延喜御宇の皇位継承体制は不安定が続く。

まず、延喜四年二月十日に醍醐天皇第二子崇象親王が二歳で皇太子となる。その後、崇象親王は保明親王と改名するが、延長元年（九二三）三月二十一日に皇太子保明親王が薨ずる。二十一歳であった。天下庶人はみな悲泣したという。その時のこととして『日本紀略』には「世挙リテ云フ。菅ノ帥ノ霊魂ノ忿ヲ宿ス所為ナリ」と記されている。保明親王は文献彦太子と号されたとも記している。

さらに、同年四月二十日には故従二位大宰権帥菅原朝臣道真を本官に復し右大臣に任じて正二位を贈っている。そして、二十六日には前皇太子の母女御従三位藤原朝臣隠子を中宮とし、二十九日に故文献彦太子息の慶頼王を皇太子とした。年三歳。

ところが、その慶頼王も延長三年六月十九日に薨じた。年五歳であった。

同年十月二十一日に第十一無品寛明親王が皇太子となった。これが醍醐天皇の次を継ぐ朱雀天皇である。

このように『栄花物語』以前の皇位継承問題は人々の話題として切れることなく続いたと思われるのである。

第三章　『栄花物語』の謎

一、『栄花物語』の事実

前章まで皇位継承問題を扱ってきたのは、『栄花物語』が書かれた当時にあって、歴史認識とはどういうものであったかを把握する上で、『栄花物語』の中でも比較的詳しく書かれる皇位継承問題を、『栄花物語』の中でどのように読み取るべきかを考えるためであった。ここからも、『栄花物語』の中に書かれている皇位継承問題を中心に見ていくのであるが、皇位継承問題を含んで、やや広い目で関連する項目にも言及しながら考察を進めていくことにする。いうまでもなく、どのような歴史的な思いを持ちながら『栄花物語』が書かれているのかをはっきり見極めるためである。

実際に『栄花物語』を考える中で、年月日があって、そこに事実が書かれているようなところは、割と歴史史料でも裏づけられ、年月日によって事実が把握されているという意味では事実性が強いといえる。しかし、その事件がどういう歴史的な問題をはらんでいるのかという考え方で『栄花物語』を読むと、その歴史的な問題は年月日では書けないのだということもみえてくる。

つまり事件の歴史的な問題というのは、ある何年何月何日にだけあった問題なのではなくて、歴史的にいろいろ引きずって新たな事態を引き起こしたり、その事件に関連してずっと昔に遡るとこのようなことがあったということをみつけたりするので、そういう意味では単なる日記では書けない。年月日にある程度こだわりながら事柄を書くけれども、それは全体を編年体という、時代順という一つの順序立てた記述にしているという意味でそうなっているだけで、実際は日付で管理するという事実認識のあり方が『栄花物語』の本質ではないと思われてくるのである。『栄花物語』の本質としてはむしろ、いろいろな事柄がどう歴史的な事柄として読者に伝えられるかということだと理解されてくる。だから、どういう問題があったのか、どういうことが歴史的に大事なのかということを読み解いて、書いて伝えるという、そういう作品だと思われるのである。

さて、最初は皇位継承問題を考えよう。『栄花物語』の中で特になぜ皇位継承問題かというと、皇位継承問題を書くところほど、事実を記載していると思われる古記録などと照合したときに、年月日などのずれが見つかりやすいという現象があるからである。

二、後宮が抱える歴史的状況

『栄花物語』では、詳しい記事は村上天皇代から始まる。

天皇の後宮には多数の女性がおり、多数の子供が生まれる。特に男皇子の場合は、当然皇位継承者になる可能性がある。その順番は、長男が一番なのか、あくまで年齢順なのかという問題が起きる。

それから後宮に入った女性たちは、そこには階級があって、村上天皇の時代には、『源氏物語』の書き出しにもあるように、女御・更衣という階級がある。

子供が皇太子になり、あるいは天皇になり、というふうになると、中宮になり、皇后になる。そういう階級がある。

皇位継承ということで次の世の中を継いでいくときに、生まれた順番が大事なのかというとそうでもない。母親の階級が大事かというと、女御か更衣かということでいえば、女御のほうが上であり、その階級は父の地位によって決まってくるという側面がある。

一般の貴族社会では正妻であるということが一番大事で、正妻の子供だけが出世するというようなことも当時としては普通にあった。皇位継承問題についていうとかならずしも正妻というとらえ方ではない。しかも男の子がないといけない、後宮に入る順番も必ずしも年齢順に後宮に入っていくわけでもない。後から入った女性のほうが地位は上であることもあり、なかなか一通りではない。

男皇子が生まれて、たくさんの男皇子があったりすると、母の地位が上のほうが皇子の地位も上になる。母の地位を決めるのは母の父、つまり母親の父親がどういう地位にいる人かということによってだいたい決まってくる。

三、秩序はどう形成されるか

結局、男社会の秩序がそのまま後宮に入って来る。後宮に入る女性の父親ということであれば、その父親が貴族社会においてどういう地位を得ているかが重要な要素になってくる。皇族の場合も同様に地位が大きく、時の帝とどういう近い血縁関係にあるかということも大きい。しかし、これらのこともひとどおりではないということは後述する。

ただ、いろいろなことがあるけれども、一定のきっちりしたルールというものがそこに存在するならば事件とか歴史的な問題というのは起こらない。ところが問題は多々起こる。つまり、だいたいのルールはあってもこれが基準だというほどの決まりは完全には存在しないというよりほかはないのである。

村上天皇の後宮においては、第一の男皇子の広平親王を第二の男皇子である憲平親王が逆転するということもある。これも後述する。

それから、ルールがあるようで、ルール通りにはいかないということも起こる。女御が何人も男の子を生んでいて、母が同じであれば長男、次男、三男というふうに順番に皇位継承が決まっていくかというとそうはいかないという問題も起こる。そこで安和の変が発生する。要するに、秩序として当然の理のようなものが存在しているようで、柔軟に変更していかなければならない場合というのが歴史的事情として起こるとしかいいようがない。

四、『栄花物語』の記事に沿って

『栄花物語』は村上天皇の時代から書かれる。それも、村上天皇時代の後宮から書き始められ、最初に子供、男皇子の誕生という記事が出てくる。それが広平親王の誕生である。

九条殿故地（現京都市南区東九条中殿田町）

年頃、東宮もかくて再びうせ給ひぬるに、春宮かくゐさせ給はぬに、ここらさぶらひ給ふ御方がた、あやしう心もとなく、御子むまれ給はざりけほどに、九条殿の女御（安子）、ただにもおはしまさで、めでたしとののしりしかど、女御子にて、いと本意なきほどに、平らかにてだにおはしまさでうせさせ給ひぬるに、元方の御息所、ただならぬことのよし申してまかで給ひぬれば、もし男御子むまれ給へるものならば、またなうめでたかるべきことに世の人申し思ひたるに、一の皇子（広平親王）むまれ給へるものか。「あなめでた、いみじ」とののしりたり。内よりも御はかしよりはじめて、例の御作法のことどもにて、もてなしきこえ給ふ。元方の大納言いみじとおぼしたり。「東宮はまだ世におはしまさぬほどなり。何のゆへにか、

我が御子春宮にゐあやまち給はん」と、たのもしくおぼされけり。（巻一月の宴）

男御子出生の記事を書くことは、すなわち次期東宮の問題、皇位継承問題を書くことだということがわかる。

父親の地位の関係もあって、まずは右大臣師輔の娘である安子に期待がかかった。その安子に御子出生の機会はあったが、残念ながら生まれたのは女御子で、しかも程なく亡くなった。そうこうしている間に元方の御息所が懐妊して宮中から退出した。そうしたら、何と、生まれたのは男御子だった。村上天皇一の皇子（広平親王）の誕生である。帝も相応に喜んだが、皇子の外祖父元方の喜びは尋常ではない。そして心に思ったことは「東宮はまだ世におはしまさぬほどなり。何のゆへにか、我が御子春宮にゐあやまち給はん」だった。皇位継承問題に光が見えたのである。

ところが、『栄花物語』本文は次のように続く。

いみじく世の中にののしるほどに、九条殿の女御、ただにもおはしまさずといふこと、おのづから世にもりきこゆれど、元方の大納言、「いで、さりともさきのこともありき」など、聞き思ひけり。おほいどの（忠平）も九条殿（師輔）も、いとうれしうおぼすほどに、うへは、世はともあれかうもあれ、一の御子のおはするを、うれしくたのもしきことにおぼしめす、ことはりなり。

かかるほどに、太政大臣殿、月ごろなやましくおぼしたりつるに、天暦三年八月十四日うせさせ給ひぬ。この三十六年大臣のくらゐにておはしましけるを、御年ことしぞ七十になり給ひにける。左右の大臣たちも、いとまためでたくたのもしき御ありさまなり。みかどうとからぬ御なからひにて、よろづかたがたの御事もめでたくてすぎもていきて、女御（安子）も御ぶくにていで給ひぬ。宣耀殿の女御（芳子）もおなじくぶくにていで給ひぬ。こころのどかに慈悲の御こころひろく、世をたもたせ給へれば、世の人いみじくおしみ申す。のちの御謚貞信公と申しけり。つぎつぎの御ありさまあはれにめでたくてすぎもていく。世の中のことを、実頼の左大臣つかうまつり給ふ。九条殿二の人にておはすれど、なを九条殿をぞ一くるしき二に、人思ひきこえさせためる。

かかるほどに年もかへりぬめれば、天暦四年五月二十四日に、九条殿の女御、おとこみこうみたてまつり給ひつ。内よりはいつしかと御はかしもてまいり、おほかたの御ありさま心ことにめでたし。世のおぼえことにさはぎののしりたり。元方の大納言かくと聞くに、胸ふたがるここちして、物をだにも食はずなりにけり。いといみじく、「あさましきことをもしあやまちつべかめるかな」と、もの思ひつきぬ胸をやみつつ、やまひづきぬるここちして、「おなじくはいまはいかでとくしなん」とのみ思ふぞ、けしからぬこころなるや。九条殿には御うぶやのほどの儀式ありさまなど、まねびやらんかたなし。おとどの御こころのうち思ひやるに、さばかりめでたきことありなんや。小野宮のおとど（実頼）も、一の御子よりは、これは嬉しくおぼさるべし。みかどの御心のうちにも、よろづ思ひなく、あひかなはせ給へるさまに、めでたうおぼされけり。はかなう御五十日などもすぎもていきて、むまれ給て三月といふに、七月二十三日に東宮（憲平）にたたせ給ひぬ。九条

冷泉院故地（現京都市中京区二条城町）

　殿は、おほきおとどうせ給ひにしを返すがへすくちをしくおぼされて、えいみあへずしほたれ給ひぬ。一の御子（広平）の母女御、湯水をだにまいらで、しづみてぞふし給へる。いみじくゆゆしきまでにぞきこゆる。


安子の懐妊、冷泉院（憲平親王）の誕生を記述するにさいして、真ん中に忠平薨去の記事をはさんでいる。

忠平の薨去は史実どおり「天暦三年八月十四日」と書かれており、冷泉院の誕生も史実どおり「天暦四年五月二十四日」と書いている。文脈としては、安子の父師輔の高い政治的地位を揺るぎないものとして確認しつつ書いておくところに力点があり、生後三ヶ月で皇太子になったある種とんでもない不自然なことのなりゆきを、当然であるかのように歴史的に書くという意味合いがある。そして、ここに一つの論理が隠されている。それは第一子が皇位継承者に立つことの極めて自然な論理である。

『栄花物語』は「うへは、世はともあれかうもあれ、一の御子のおはするを、うれしくたのもしきことにおぼしめす、ことはりなり。」と書いている。村上天皇は第一子広平親王がすでにいるのだから、安子への期待度はさほど高くないといった文脈なのだ。

さらに駄目を押すかのように、元方の言葉として「いで、さりともさきのこともありき」とも書いている。つまり、安子が先に女子を出産していることをいっているのだ。次も女子なら何の問題もないというのである。

この正当な論理は、実はもう一つの正当を踏まえている。それはつまり、安子が男子を出産すれば、それが第一子でなくとも、皇位継承者として上位に立つという論理なのだ。それはもちろん、安子の父は右大臣師輔であり、広平親王の母祐姫の父は大納言元方なので、それぞれの父の地位に歴然とした差があるという論理なのである。

以上のような論理が確認されるなか、安子は懐妊し男皇子を出産した。だから、この男皇子が次期皇太子となることは論理的に万全といわざるをえない。実際にその万全は「九条殿には御うぶやのほどの儀式ありさまなど、まねびやらんかたなし。おとどの御こころのうち思ひやるに、さばかりめでたきことありなんや。小野宮のおとど（実頼）も、一の御子よりは、これは嬉しくおぼさるべし。みかどの御心のうちにも、よろづ思ひなく、あひかなはせ給へるさまに、めでたうおぼされけり。」と書かれている。そして、この皇子の立太子の記事は「むまれ給て三月といふに、七月二十三日に東宮（憲平）にたたせ給ひぬ。」と書かれる。

「むまれ給て三月といふに」の「に」は、「まだ三月にしかならないのに」というふうに、やや逆説を含んで読みたくもなるが、古文では必ずしも逆説を含んで読み取る必要はない文脈であると思われる。つまり、単純に「生後三ヶ月の時に」と読み取るべき文脈であろうと思われるのである。すなわち、論理の正当性がそれほど強いのである。

そして、安子の輝きについてはさらに『栄花物語』は続けて次のように書いている。

はかなくて年月もすぎて、この御方がた、われもわれも劣らじ負けじと、みなただならずおはして、御子たちいとあまたいできあつまり給ひぬ。按察（在衡）の御息所、男三の宮（致平）・女三の宮（保子）うみたてまつり給ひつ。また、この九条殿の女御、男四・五のみや（為平・守平）うまれ給ひぬ。また、宣耀殿女御（師尹女芳子）、男六・八のみや（昌平・永平）むまれ給へりけれど、六宮ははかなくなり給ひにけり。八宮（永平）ぞたいらかにてをはしける。麗景殿の女御（代明親王女庄子女王）、おとこ七宮（具平）・女六の宮（楽子）むまれ給ひにけり。式部卿の宮の女御、女四宮（規子）ぞうみたてまつり給へりける。広幡御息所（庶明女）、女五宮（盛子）うまれ給へり。按察の御息所（在衡女）、男九の宮（昭平）うまれ給ひなどして、又九条殿の女御、女七・九・十の宮など、あまたさしつづきむませ給ひて、なを、この御ありさま世にすぐれさせ給へり。かくいふほどに、おほかた男宮九人・女宮十人ぞおはしける。

一気に大勢の皇子に恵まれた村上朝の姿を書く中に、安子については男皇子と女皇子を書き分け、淡々とした記述の中にその安子の勢いの大きさを「なを、この御ありさま世にすぐれさせ給へり」としっかり書き留めている。

五、皇位継承のさまざまな論理

このあと、少し挿話を挟んで以下のように続ける。

東宮（冷泉院）やうやうおよずけさせ給ふままに、いみじくうつくしうおはしますにつけても、九条殿の御おぼえいみじうめでたし。又四・五のみや（為平・円融）さへおはしますぞめでたきや。かかるほどに、天徳二年七月廿七日にぞ、九条殿女御、后にたたせ給ふ。藤原安子と申して、今は、中宮と聞えさす。中宮大夫には、みかどの御はらからの高明の親王と聞えさせし、今は源氏にて、例人になりておはするぞ、なり給ひにける。次つぎの宮司ども、心ことにえらびなさせ給ふ。九条殿の御けしき、世にあるかひありてめでたし。小野宮の大臣、女御（述子）の御ことをくちをしくおぼしたり。

ここで安子の威勢の大きさを確認するかのように「又四・五のみや（為平・円融）さへおはしますぞめでたきや」と書いている。皇位継承に関してまったく不安のない状況をいっているかのようである。

安子は、「今は中宮と聞こえさす」とあるように、皇太子の母であるので中宮という位になった。中宮という地位になると中宮職というところで職務等いろいろお世話をするが、その中宮職の一番大事な役職が中宮大夫で、その中宮大夫には村上天皇の兄高明親王（今は例人になって源高明）がなったということが書いてある。

そしてここにもう一つ大事なセンテンスがある。それは「小野宮の大臣、女御（述子）の御ことをくちをしくおぼしたり」である。

師輔の兄実頼にも村上天皇後宮に送った娘がいた。それは述子である。ここにみえている日付は天徳二年（九五八）七月二十七日で安子が中宮になった時であるが、これより十年前の天暦二年（九四八）十月五日に卒している。もしも安子が中宮になったというこのときにまだ述子が健在ならば安子の立后はこうは簡単には進まなかった。いや、それ以前に天暦四年の憲平親王の立太子もまだ実現できていなかった可能性がある。なぜなら、右大臣師輔よりも、兄実頼の方が左大臣として上位にあり、述子が男皇子を授かったならば、安子よりも上位に立つというもう一つの可能性が厳然として存在するからである。

『日本紀略』天暦二年（九四八）十月五日条には「女御藤原述子東三条第ニ卒ス。年十五。疱瘡ノ間ノ産生ニ依リテナリ。弘徽殿女御ト号ス。左大臣ノ女ナリ。」とある。懐妊していたのに出生が叶わなかった事態が読み取れる。実頼の悲嘆がいかほど大きかったかが彷彿とする。この悲嘆があったあとだけに安子が憲平親王を出生した意味は大きかったのだともいえる。

ここで、このあたりの人物関係を系図で見ておくことにしよう。

高明親王は村上天皇の兄である。そのことを示すために師輔の娘安子と三女を強引にまたいで線を引いている。師輔の三女と五女が高明に嫁いでいる。高明と師輔三女の間には娘が生まれる。その娘がこの為平親王と結ばれることになるが、『栄花物語』のここではまだそのことに触れられない。『栄花物語』ではこの時点ではあくまで安子は中宮になっており、中宮大夫には高明がなったということを書いているだけである。こちら師輔のほうは、ある意味、万全だという文章の運びなのである。

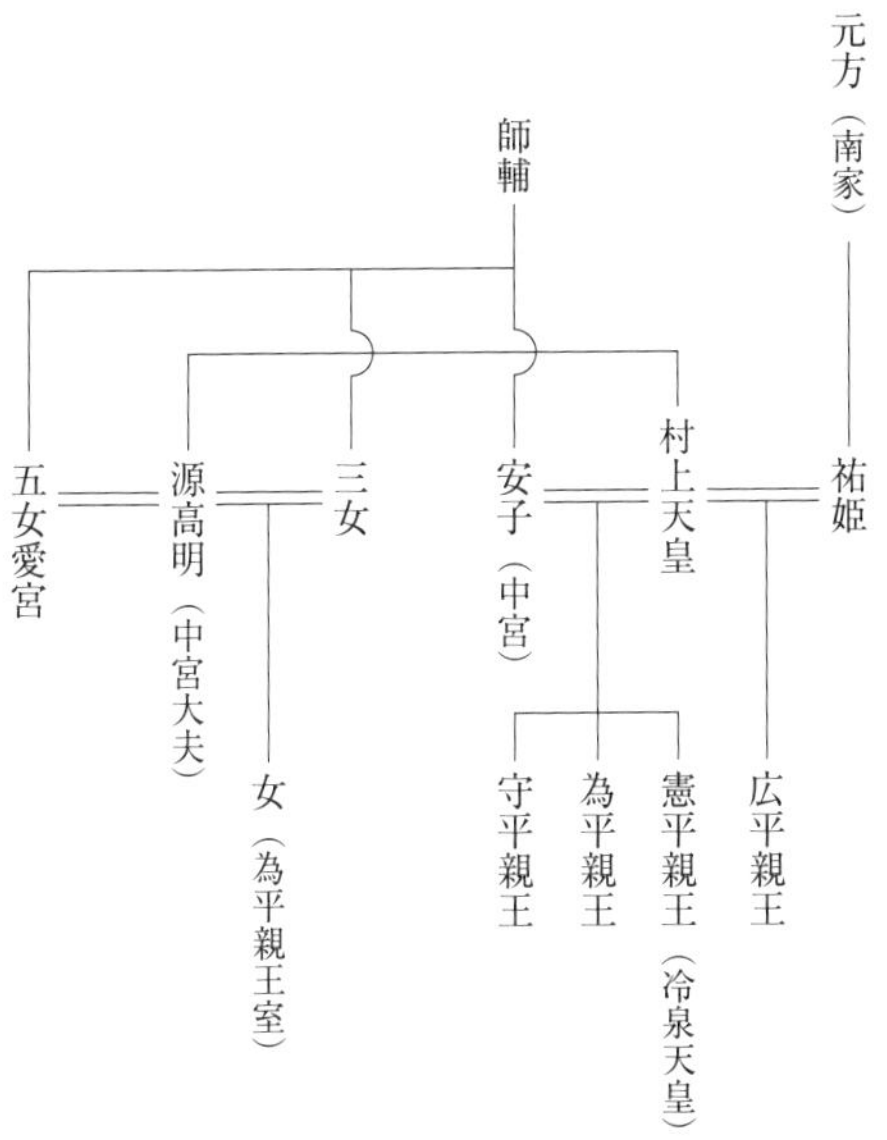

図6　安子中宮の頃

かくて東宮（冷泉院）四つにおはしましし年の三月に、元方大納言なくなりにしかば、そののち、一の宮も女御（更衣祐姫）もうちつづきうせ給ひにしぞかし。そのけにこそはあめれ、東宮いとうたてき御もののけにて、ともすれば御ここちあやまりしけり。いといとをしげにおはします折おりありけり。さるは御かたちうつくしうきよらにおはしますことかぎりなきに、玉にきずつきたらんやうにみえさせ給ふ。ただいみじきことには、御修法あまた壇にて、世とともによろづにせさせ給へどしるしなし。いとなべてならぬ御心ざま・かたちなり。御けはいありさま、御こはつきなど、まだちゐさくおはします人の御けはひともみえきこえず、まがまがしうゆゆしう、いとをしげにをはしましけり。これをみかど（村上）もきさき（安子）も、いみじきことにおぼしめしなげかせ給ふ。

「東宮」こと憲平親王はこのとき四歳である。「元方の大納言なくなりにしかば」とある。更に次の行には「一の宮も女御もうちつづきうせ給ひにしぞかし」とある。つまり、元方のほうは全滅するのである。全滅するとどうなるかというと、その続きに書いてあるように「物の怪」になる。つまり死霊になる。物の怪となって取り憑くことになって、取り憑かれるのは憲平親王である。村上天皇と安子との間に生まれた憲平親王が取り憑かれてどうなるかというと、「東宮いとうたてき御物の怪にて」と書いてあり、その状態は尋常ではなくて、その段の終わりのほうに物の怪に取り憑かれると「いとなべてならぬ御心ざま、かたち」、「御けはひ有様、御声つきなど、まだ小さくおはします人の御けはひとも見えきこえず、まがまがしうゆゆしう、いとほしげにおはしましけり」ということで、子どもらしくなく不気味で気味が悪いとさえ書かれている。

六、広平親王は憲平親王よりどれくらい先に生まれたか

皇位継承候補者として大きな期待が一時寄せられていた広平親王は、実際はどれほどの存在だったの

か。

広平親王については『日本紀略』天禄二年（九七一）九月十日条に「兵部卿三品広平親王薨ズ。年二十二。」とある。ここから生年を逆算すると九五〇年の生まれになる。九五〇年ならば憲平親王が生まれた年（天暦四年）と同じなのである。

憲平親王が生まれたのは五月二十四日。先後関係は間違っていないだろうと思われるので、いくら早く見てもこの年の始め頃に生まれたという程度にしか考えられない。ただ、最初の男皇子だったので大騒ぎとなったことは間違いない。しかし、世の中の皇位継承にまつわる論理というのは、ほぼ同時期に出産を迎える安子が男皇子を儲ければ、新しく生まれる皇子が優位に立つことはかなりの割合で明らかだったといえるのだろうと思われる。『栄花物語』では、広平親王誕生の記事は安子懐妊の記事の直前に書かれている。そして、安子懐妊の記事の直後には天暦三年八月十四日の忠平薨去の記事を書いている。この筆の運びに厳密な編年体をあてはめるならば、広平親王の誕生は憲平親王の誕生よりも一年近く前という計算になる。これは、広平親王誕生の年月日を正確に把握できなかった『栄花物語』作者が、最初の男皇子広平親王が生まれた時の喜びの大きさがあまりに大きかったという思いから、憲平親王の誕生までに少し時間があったかのように、筆の勢いとか皇位継承に関わる論理からそのように書いたというあたりが真相に近いように思われてならない。要するに、皇位継承に関わる歴史的状況を伝えることに筆が動いたのではないだろうか。そして、作者の理解としては、史実を踏まえるという大事なことはその中に含まれていると思われる。

七、為平親王の婚姻

為平親王の婚姻は兄の憲平親王の婚姻を意識して書かれる。憲平親王の誕生は天暦四年（九五〇）五月二十四日であり、為平親王の誕生は天暦六年であるから、年齢がかなり接近しているのである。因みに、為平親王の出生については『日本紀略』寛弘七年（一〇一〇）十月十日条に「今日。入道式部卿為平親王。年五十九」とあることから逆算したものである。

憲平親王の婚姻については次のように書かれる。

やうやう御元服のほどもちかくならせ給へれば、御むすめをはする上達部・みこたちは、いたうけしきばみ申し給へど、かくおはしませば、ただいまさやうのことおぼしめしかけさせ給はぬに、先朱雀院のをんなみこ又なきものにおもひかしづききこえさせ給ひしを、さやうにおぼしめしたるは、きさきにすゑたてまつらんの御本意なるべし。さればそのみやまいらせ給ふべきにさだめありて、こと人びと、ただいまはおぼしとどまりにけり。

異常をみせることがあることを理由に、貴族達は娘を入内させることをはばかり、朱雀天皇の娘である昌子内親王が参内することになったと書いている。この事実はこの事実で重要なのであるが、元服の日に婚姻があるという当時のきわめて常識的な思考にのっとって書かれていることも重要である。というのは、為平親王の婚姻もその元服の日に婚姻があるという当時のきわめて常識的な思考にのっとって書かれているからである。

為平親王の婚姻はこう書かれている。

かかるほどに、后の宮もみかども、四の宮（為平）をかぎりなきものに思ひきこえさせ給ひければ、その御けしきにしたがひて、よろづの殿上人・上達部、なびきつかうまつりてもてはやしたてまつり給ふほどに、やうやう十二三ばかりにをはしませば、御元服の事おぼしいそがせ給ふ。御むすめも給へる上達部は、いみじうけしきばみきこえ給ふに、宮の大夫ときこゆる人、源氏の左大将（高明）えもいはずかしづき給ふひとりむすめを、さやうにとほのめかしきこえ給ひければ、みかども宮も御けしきさやうにおぼしければ、よろこびてよろづしととのへさせ給ひて、やがてその夜参り給ふ。例の宮たちは、我里におはしそむることこそ常のことなれ、これは女御・更衣のやうに、やがて内におはしますに参らせたてまつり給ふべきさだめあれば、例の女御・更衣の参りはさることなり、これはいとめづらかにさまかはりいまめかしうて、御元服の夜やがて参り給ふ。みかど・きさきの御よめあつかひのほど、いとおかしくなん見えさせ給ひける。

為平親王について元服の時期が近くなり、その準備を進める中に高明の娘の話が出てきて、元服の夜に「よろこびてよろづしとゝのへさせ給て、やがてその夜参りたまふ」と書かれているのである。

事実はどうか。

為平親王の元服は康保二年（九六五）八月二十七日であり、天暦六年の誕生である為平親王は十四歳の時のこととなる。それを「やうやう十二三ばかりにをはしませば、御元服の事おぼしいそがせ給ふ」と書いているのは、憲平親王の元服に準じて書こうとしているからではないかと思われる。しかし、『栄花物語』は憲平親王の婚姻の相手が昌子内親王に決まったとは書いていても、憲平親王の元服の記事は書いていない。では、憲平親王の婚姻の相手が昌子内親王に決まったと書いているのはいつのこととして書いているか。記事の配列としては、昌子内親王の東宮参り決定の記事の直前は元方大納言の薨去の記事であり、元方の霊が憲平親王に祟っているという記事である。『栄花物語』は元方の薨去を憲平親王四歳の年の三月と記しており、史実と合う。その後祟ったのがどれくらい経った時のことかははっきり書いておらず、元方の祟りのせいで異常を見せる憲平親王のことを書いてすぐに、先に引用した箇所の記事「やうやう御元服のほどもちかくならせ給へれば」と書いているのである。憲平親王の元服を十二三歳と考えていたとすると、応和元年（九六一）から二年のこととなり、その二年後に為平親王の元服という想定になる。

ここで重要なことは、「后の宮もみかども、四の宮（為平）をかぎりなきものに思ひきこえさせ給ひければ」とあるように、村上天皇はいうまでもなく、安子も健在で祝福しているという設定にある。

安子の崩御は応和四年（九六四）四月二十九日と『栄花物語』も記しており、為平親王の元服はぎりぎり安子健在の時という想定は成り立つのである。

ところが、為平親王と高明女との婚姻記事の直後には天徳三年（九五九）の重明親王薨去の記事があり、続いて天徳四年の師輔薨去の記事がある。編年体であるということを厳密にあてはめると、為平親王と高明女との婚姻はこの二つの薨去記事よりあとに書かれなければならない。ただ、重明親王は藤原師輔の次女登子を北の方とし、源高明も先の系図に掲げているように藤原師輔の女子を迎えているので、村上天皇の後宮の安子の存在を考えると、村上天皇、重明親王、源高明、藤原師輔の四人は、歴史的な一時期にあっては、かなり固い結束の本に捉えられていた人物達であり、その関わりを意識する中から、重明親王の薨去が師輔の薨去に引き寄せられて書かれた可能性はあると捉えておかなければならない。

そして、『栄花物語』の作者は、為平親王の婚姻の記事に師輔の姿は書いていないので、為平親王の婚姻は史実どおり師輔薨去よりあとのことと理解していた可能性はある。そうすると、作者はこのあたりは厳密に編年体を守って書いているのではなく、歴史的な実態を伝えることに主眼を置いて、やや大様に記事を配列していると考えて読むべきではないかということになるのである。

もう一度整理するが、『栄花物語』が書いているのは以下の項目である。

① 憲平親王（後の冷泉天皇）の誕生…天暦四年（九五〇）五月二十四日
② 憲平親王の立太子…天暦四年七月二十三日
③ 安子の立后…天徳二年（九五八）七月二十七日

④　憲平親王四歳の三月に元方薨去…天暦七年（九五三）のこととなるので③より前
⑤　師輔薨去…天徳四年五月四日（この前に重明親王の薨去を書く。年月日はない）
⑥　安子崩御…応和四年（九六四）四月二十九日

憲平親王の元服と昌子内親王との婚姻は記事としては書いていないが、為平親王のことに関して「ややう十二三ばかりにをはしませば、御元服の事おぼしいそがせ給ふ」と書いているので、憲平親王の元服と昌子内親王との婚姻のことは憲平親王十二三歳の頃と読んでさしつかえないものと思われる。そうすると憲平親王の元服と昌子内親王との婚姻のことは応和元年から二年のこととなり、上の①から⑥を編年を基本としていると考えれば、⑤と⑥の間のこととなる。そして、為平親王の元服と婚姻のことは応和三年から四年のこととなり、同じく上の①から⑥を編年を基本としていると考えれば、これも⑤と⑥の間のこととなる。ところが、『栄花物語』の記事としては、⑤の前に書いているのである。

為平親王の婚姻に関して、師輔の喜ぶ姿がないという記事の事実をどう理解するべきか。為平親王の源高明女との婚姻が、師輔が健在であっても藤原氏の喜ぶところではなかったのか。師輔がすでに薨去していたから、史実として喜ぶ姿はなかったとしてそう書いているのか。あるいは、作者が歴史的事情をきちんと理解していなかったために適当に書いてそういう筆になったとして、『栄花物語』を低劣な作品とするか。

こういうところは証明しきれないので、その他諸々のことから考え合わせて、『栄花物語』の記事の真実を見定めていくしかないのである。

八、村上天皇の退位志向

安和の変に関連すると思われる記事のうち、もう一つどう読むべきか考えてしまう項目がある。それは、村上天皇の退位志向の記事である。

先に述べたように、歴史的な一時期にあっては、かなり固い結束があったと捉えられていたと思われる、村上天皇、重明親王、源高明、藤原師輔の四人に関する記事の流れの中で、村上天皇の退位志向は次のように書き進められる。

かかるほどに、重明式部卿の宮、ひごろいたくわづらひ給ふといふ事きこゆれば、九条殿（師輔）もいかにいかにとおぼし嘆くほどに、うせ給ひにければ、みかど人知しれず今だにと嬉しうおぼしめせど、みや（安子）にぞはばかりきこえさせ給ひける。御忌など過ぎさせ給ひて、この四宮（為平）をぞ一品式部卿の宮ときこえさすめる。かかるほどに、九条殿悩ましうおぼされて、御風などいひて、おほんゆゆでなどし、薬きこしめしてすぐさせ給ふほどに、まめやかに苦しうせさせ給へば、みやも里に出でさせ給ひぬ。男君達あまたおはすれど、またはかばかしくおとなしきもさすがにおはせず。中におとなしきは、中将（伊尹）などにておはするもあり。いかにおはすべきにかと、内にもいみじうおぼしめし嘆きたり。東宮（冷泉院）の御後見も、四・五宮（円融院）の御ことも、ただこの大臣を頼もしきものにおぼしめしたるに、いかにいかにと、おほやけよりも御修法などをこなはせ給ふ。いとめでたき御さいはいに世の人も申し思へり。天徳四年五月二日出家せさせ給ひて、四日うせさせ給ひぬ。御年五十三。ただ今かくしもおはしますべきほどにもあらぬに、くちをしう心憂く、惜しみ申さぬ人なし。「世をしり給はんにもいとめでたき御心もちゐを」と、返がへすおぼしまどはせ給ふ。宮（安子）おはしませば、よろづかぎりなくめでたし。一天下の人いづれかは宮になびきつかうまつらぬがあらん。かくてのちの御事ども、「あはれあはれ」ときこえさするほどに、御法事も六月十よ日にせさせ給ふ。「今はとて内にまいらせ給へ」とあれど、「いと暑きほどすぐして」とておはします。右大臣には、故時平の大臣の御子顕忠の大臣なり給ひぬ。この左のおとど（実頼）のこりてかくおはするいとめでたし。東宮の女御も、宮の御もののけの恐しければ、里がちにぞおはしましける。年月もはかなくすぎもていきて、をかしくめでたき世のありさまども書きつづけまほしけれど、何かはとてなん。宮たちみなさまざまうつくしういづかたにもおはしますを、上、左も右もとぞおぼしめさるるがうちにも、なを、宮の御方のみこたちは、いと心ことにおぼしめす。九条殿の急ぎたる御ありさま、返がへすもくちをしういみじき事をぞ、みかども后もおぼしめしたる。世の中なにごとにつけてもかはりゆくを、あはれなる事にみかどもおぼしめして、なを「いかでとうをりて心やすきふるまひにてもありにしがな」とのみおぼしめしながら、「さきざきもくらゐながらうせ給ふみかどは、のちのちの御ありさまいとところせきものにこそあれ」と、「同じくはいとめでたうこよなきことぞかし」とまでおぼしめしつつぞ、すごさせ給ひける。

少し長いので、内容をまとめておく。

① 重明親王薨去

② 師輔は娘登子のこともあり重明親王の病悩を嘆いていた。重明親王が薨去したので、村上天皇は、重明親王の妻であり後宮にいる安子の妹でもある登子への強い想いがあり、人知れず喜ぶところがあった。しかし、安子の手前を考えて、登子への想いは実現しなかった。

③ 為平親王は一品式部卿宮といった。

④ 師輔病悩。安子は里に退出。師輔には男子が多数いたが、後継者としては伊尹がいる程度であった。（伊尹は師輔没年に任参議、三十七歳。兼通、兼家は公卿に入っていない。）

⑤ 安子所生の三人の男皇子のことは「ただこの大臣を頼もしきものにおぼしめしたる」と書かれている。

⑥ 師輔は天徳四年五月二日出家、四日に薨去。世間の信望を集めていた師輔は死去したが、安子がいるから何とかなるだろうと思われていた。

⑦ 後任の右大臣には、故時平の御子顕忠が昇任。兄実頼が残って左大臣。

⑧　村上天皇は自在な生活を希求して退位したいと願った。しかし、一方で、在位のまま盛大に死を迎えるのも良いとも思い、退位しないでいた。

『栄花物語』は露骨には書いていないが、文脈からは、村上天皇の希求する自在な生活の中には登子への想いが遂げられることを含んでいると読める。

ただ、当時の歴史的実態としては、退位せずに登子との関係が成就することは有り得ないことではなかったとは思われる。しかし、今日のような倫理意識はないと思われるが、安子が厳然として后として存在する以上、容易にその思いが実現してはいけないという制御の思考が働いた可能性はあるのかもしれない。

なぜ、村上天皇は退位しなかったのか。できなかったのか。登子への想いを制御しきるためだったのか。そこの答ははっきり書かれないまま、盛大に死を迎えるというもう一つの帝王学のほうに道しるべを立てているのである。

九、安和の変へ急転回

『栄花物語』の記述はさらに以下のように続く。

式部卿の宮（為平）も、今はいとようおとなびさせ給ひぬれば、里におはしまさまほしくおぼしめせど、みかどもきさきもふりがたきものにおぼしきこえさせ給ふものから、あやしき事は、「みかどなどにはいかが」とみたてまつらせ給ふことぞ出できにたる。されば五宮（守平）をぞ、さやうにおはしますべきにやとぞ。まだそれはいとおさなうおはします。それにつけても、「おとどのおはせましかば」とおぼしめすことおほかるべし。

誰がどういう必要から風評を流したというのでもなく、ここで突如為平親王の立太子問題が書かれる。為平親王が皇太子に立てるかどうかがなぜ問題になるのかというと、それは、村上天皇が退位するならば次期東宮の問題が出てくるからである。つまり、為平親王の皇太子に立てるかどうかという問題が取り上げられるのは、村上天皇の退位がかなり現実の問題として迫っていたからに他ならない。ということは、前に述べたもう一つの帝王学などというのはあくまで仮の話ではないかと思われてくる。事態として急を要していたのは、次期東宮の問題なのであり、それが片付くまでは村上天皇は退位できなかったというのが迫った真相なのだということになる。少なくとも『栄花物語』はそう書いているのだということになる。

次期東宮の問題は、政局の形成をも含んで、大きな問題として浮かび上がってくるのである。

しかし、『栄花物語』は、政局の話に入る前に安子懐妊の記事へと大きく進める。そしてその安子懐妊の記事に入る前に、女性らしい気遣いも感じられるが、村上天皇の後宮に一筆触れる。そこでは代明親王の娘荘子のことと藤原在衡の娘正妃のこと、さらに重明親王の娘徽子についても言及している。代明も重明も村上天皇の兄であり、政局に関わるがすでに在世しない。荘子には具平親王がいるが父親が在世しないので大きく焦点が当たることはない。藤原在衡は師輔の薨じた天徳四年には大納言として高明と並んでおり、この記事が政局を睨んでのものであることが了解されるのである。ただ、書かれている内容としては、正妃は皇子達は多いものの帝の寵愛は薄い。徽子には帝の気遣いがあると書いているが、父が薨じており男皇子もいないので問題にはならない。いずれも皇位継承を語るには何らかの欠点があると書かれていることが知られるのである。

ここでは文章に載せられた感覚が大事なので、念のため本文を掲出しておく。

麗景殿（代明女庄子）御方の七宮（具平）ぞ、おかしう、御こころをきてなどちひさながらおはしますを、母女御の御こころばえをしはかられけり。あぜちの宮すどころ（在衡女正妃）ことにおぼえなかりしかども、みやたちのあまたおはしますにぞかかり給ふめる。式部卿のみやの女御（重明女徽子女王）、みやさへをはしまさねば、まいり給ふ事いとかたし。さるは「いとあてになまめかしうおはする女御を」など、つねにおもひ出でさせ給ふ折をりは、御ふみぞ絶えざりける。

安和の変を知っている我々は、政局の中心は当然藤原氏であると思う。しかし、『栄花物語』が筆を運んでいる安子懐妊の応和三年（九六三）には、左大臣は実頼、右大臣は顕忠であり、二人とも娘が村上天皇の皇子を儲けているわけではない。そして、大納言に源高明と藤原在衡が並んでいる。先にも書いたとおり、在衡には村上天皇の皇子として孫が致平、昭平と二人いる。ただし、在衡は藤原氏の中にあって主流ではない。さらに、『栄花物語』は正妃への帝の寵愛が薄いと書いている。安子も父師輔が薨じているので、後見という点では不安な面もあるように思えるが、すでに皇太子の母として后であり、やはり安子の皇子達に焦点が当たるというのが自然な見方だということになると思われる。

そうするとやはり、皇位継承問題としては、為平親王に注目が集まるのが自然なのである。ところが、安子は選子内親王を出産して薨去する。ここに言いようもなく〝不安定〟が現実のものとして大きくなってくるのは想像するに難くはないであろう。つまりそれは次期皇太子を支える藤原氏側の大きな存在がなくなってしまうという危機意識なのである。

「この宮（安子）かくておはしませばこそ、よろづととのほりて、かたへの御方がたも心のどかにもてなされておはすれは。もしともかくもおはしまさば、いかにいかに見苦しきことおほからん」と、人びともいひ思ひ、御方がたもいみじくおぼし嘆くべし。

安子の危急を語る場面に書き添えられるこの一文はまことに切実である。

しかし、事の重大さにもかかわらず、応和四年四月二十九日に安子は薨去する。

残された歴史的局面に現出した政局に一人中心的存在となってしまったのは村上天皇である。自らの兄弟の中にも皇位継承の担い手を抱えている存在はなく、藤原氏の上流貴族の中にも、藤原氏の主流であって皇位継承に関わる可能性のある者はいない。こうした次期皇位継承者が確定しにくい状況のまま、村上天皇の退位は進められるわけにはいかないという歴史的状況にあったのだ。

又、村上天皇の退位志向は登子への想いを遂げることとも関係して書かれていた。しかし、前にも述べたように、天皇が女性への思いを遂げようとすることは、退位しなくても可能なことだったと思われる。いかにも自在な境遇を獲得できていなくとも、姉である安子がいなくなった今、重明親王に先立たれた登子を愛することは、大きな障碍はなく実現できたものと思われる。

安子の四十九日の法要の記事に続けて『栄花物語』はこう続ける。

かくいみじうあはれなる事を、うちにもまごころになげきすぐさせ給ふほどに、おとこの御こころこそなをうきものはあれ、六月つごもりにみかどのおぼしめしけるやう、「式部卿の宮（重明）のきたのかたはひとりをはすらんかし」とおぼしいでて、御文ものせさせ給ふに、后の宮の御おとの御方がた、おとこぎみたち、ただおやともきみとも宮（安子）をこそたのみ申しつるに、火をうち消ちたるやうなるを、あはれにおぼしまどふ。

村上天皇が退位して自在な生活を求めようとしていたのは、登子への思いを遂げんがためなのではないことがここで明らかになる。

十、安和の変って何？

安子が薨去した今、皇太子憲平親王には母后がいないことになり、次の皇太子に為平親王、守平親王のどちらがなるにしても、藤原氏側に強力な後ろ見が見つけられないことになる。強いて言えば、左大臣実頼がおり、権大納言に師尹がいる。どちらも師輔の兄弟であり、憲平親王、為平親王、守平親王からすれば近い関係にはあるが、後ろ見として機能するほどの関係ではないとも思われる。ところが、為平親王はすでに源高明の娘と婚姻の関係にあり、為平親王にだけしっかりとした後ろ見が存在しているという形になってしまったわけである。村上天皇が退位することになれば、為平親王に光が当たることは間違いがない。

登子のことは事実であったかどうか証明できないが、村上天皇が安子に代わって藤原氏の側に何らかの力を添えようとした動きだったかと勘ぐることは不可能ではない。しかし、明らかにそれ以上の話ではない。

村上天皇の退位志向については、このあとも次のように書かれる。

はかなく年月もすぎて、みかど世しろしめしてのち、二十年になりぬれば、「をりなばや。しばしこころにまかせてもありにしがな」とおぼしのたまはすれど、時の上達部たち、さらに許しきこえさせ給はざりけり。康保三年八月十五夜、月の宴せさせ給はんとて、清涼殿の御前に、みなかたわかちて前栽うへさせ給ふ。(中略)御遊ありて、上達部おほくまいり給ひて、御禄さまざまなり。これにつけても、「みや(安子)のおはしましゝをりに、いみじくことのはえありておかしかりしはや」と、うへよりはじめたてまつりて、上達部たち恋ひきこえ、目のごひ給ふ。花蝶につけても、いまはただ「をりゐなばや」とのみぞおぼされける。

この退位志向の記事の中で注目されることは、一つは時の上達部が許さなかったと書いていることであり、もう一つは安子在世の折のことを懐かしく思い出すという場面である。この安子在世の折のことを懐かしく思い出すという場面は、この記事の少し前にも書かれている。

后の宮おはしましゝをり、九の宮などの御対面ありしなどこそ、いみじうめでたかりしかなど、うへの女房たちは、夜昼みやを恋ひしのびきこえさするさまおろかならず。おほかたの御こころざまひろう、まことのおほやけとおはしまし、かたへの御方がたにもいとなさけあり、おとなおとなしうおはしましゝをぞ、御方がたも恋ひきこえ給ふ。

この「まことのおほやけ」とまで讃える記述は、間違いなく安子に対する歴史的評価をしているのであり、皇位継承問題についても、安子所生の皇子達に焦点があたるのだということがまず押さえられていると思われる。同時に、藤原氏に寄せて解決されるべきだという方向も示唆されているように感じられてならない。

月の宴の記事に続いて村上天皇の病悩の記事に移る。安子がいなくなって、退位もできない状況が歴史的、客観的に生まれているのであるから、ここで村上天皇の崩御などということになればとんでもないことになることは間違いがない。

為平親王が次の東宮に立てない事情については、『栄花物語』では安子が選子内親王を懐妊する前に書かれている。それは、師輔が薨去して藤原氏の円満な展望が皇位継承から大きく後退した時期であり、ここに当時の歴史観が既に記述されていると言って良い。師輔の目配りが生きていれば為平親王が次期東宮になったところで、藤原氏が政治世界に占める勢力図には大きい影響はない。ところが、師輔、安子が薨去して、事情は一変した。

村上天皇にもはや譲位の選択肢はない。じっともう一つの帝王学の方に身を委ねるしかなかったと思われる。

かねては下りさせ給はまほしくおぼされしかど、いまになりては、「さばれ、おなじくはくらゐながらこそ」とおぼさるべし。御ここちいとおもければ、小野宮のおとど（実頼）しのびて奏し給ふ。「もし非常の事もおはしまさば、東宮にはたれをか」と御けしき給はり給へば「式部卿の宮をとこそはおもひしかど、いまにおきてはえゐ給はじ。五宮（守平）をなんしかおもふ」とおほせらるれば、うけたまはり給ひぬ。

この箇所の史実のほどは判断が非常に難しい。

実頼が帝の内意を伺うということ自体はありうる。しかし、そこで村上天皇の意思が確定していたのであるならば、村上天皇は譲位できたはずだと思われるからである。しかし、実際は上達部の反対もあり、譲位できなかった。それには、『栄花物語』には書かれていないが、史実として微妙な歴史的展開が窺われるのである。

それは『公卿補任』をみればわかる。

康保二年（九六五）四月に右大臣藤原顕忠が薨去。翌年一月に源高明が右大臣に昇任した。村上天皇の病悩、崩御は康保四年であり、『栄花物語』においても、村上天皇病悩の記事のあとに、実頼に対して内意を伝えたこの記事が書かれているのである。大納言と違って大臣というのは、師輔と元方のところでも扱ったように、相当に違うものであり、高明の重みは一気に増したという感じが伝わってくる。少なくとも、高明の昇任は自然な人事であったはずであり、その時点では次期東宮の問題はさほど重要な問題として捉えられていなかった可能性がある。そうでなければ、高明のこの昇任は有り得ない。

先にも述べてきたように、師輔の薨去が天徳四年（九六〇）、安子が選子内親王を懐妊して内裏を退出したのが応和三年（九六三）、そして康保三年（九六六）の月の宴を終えて、翌年の村上天皇の病悩、崩御となる。この間、足掛け八年。師輔薨去の後、為平親王が次期東宮となることが村上天皇によって断念され、それから六年が経っていることを考えれば、守平親王も成長し、次期東宮候補者の一角に入ってくる年齢になったと言えるのかもしれない。

憲平親王は生まれてその年のうちに皇太子となっているが、その時は師輔も安子もいたのであるから、何の問題もなかったと考えられる。この師輔と安子の薨去と為平親王の高明女との婚姻の関係が重要なのである。

ここで「為平親王の婚姻」の項を思い返さなければならない。

為平親王の元服は康保二年（九六五）八月二十七日であり、天暦六年の誕生である為平親王は十四歳の時のこととなる。師輔の薨去が天徳四年（九六〇）、安子が選子内親王を懐妊して内

為平親王関連年表

西暦	和暦	事項
九四八	天暦二	一〇月五日　村上後宮女御実頼女述子卒
九五〇	天暦四	広平親王誕生 五月二四日　憲平親王誕生。七月二三日　立太子。
九五二	天暦六	為平親王誕生
九五三	天暦七	三月　藤原元方薨去（続いて元方女祐姫卒）
九五八	天徳二	七月二七日　安子中宮。中宮大夫源高明。
九五九	天徳三	重明親王薨去
九六〇	天徳四	師輔薨去
九六三	応和三	安子、選子内親王を懐妊して内裏を退出 憲平親王このころ元服か
九六四	応和四	四月　安子崩御
九六五	康保二	四月　右大臣藤原顕忠薨去 八月二七日　為平親王元服　為平一四歳
九六六	康保三	一月　高明任右大臣 月の宴
九六七	康保四	一一月二五日　為平親王、高明女と婚姻。 村上天皇病悩、崩御。

裏を退出したのが応和三年（九六三）、薨去が翌年。そして康保三年（九六六）の月の宴を終えて、翌年の村上天皇の病悩、崩御となるのであるから、為平親王の元服は師輔と安子の薨去後となり、しかも、高明女との婚姻は元服の翌年、月の宴が行われた年の十一月なので、月の宴も終わってから後のこととなる。これは源高明が右大臣に昇任した年のことであり、村上天皇が崩御する前年である。高明の右大臣昇任は一月なので、高明女との婚姻は高明の右大臣昇任後のこととなる。

為平親王の元服は康保二年（九六五）八月二十七日であり、この時に婚姻の話は出ていた可能性はあると思われるが、安子薨去が応和四年（九六四）四月なので、藤原氏の側に生まれた空虚感もあって、延引となった可能性も考えられるであろう。ところが、為平親王の元服が終わり、年が明けて高明が右大臣に昇任となり、月の宴も催行して、十一月二十五日の結婚が実行された。これが歴史的事実である。

この時にはまだ村上天皇に危急の事態が迫っていたとは考えられず、村上天皇が生存していれば、東宮は憲平親王で良く、次の東宮はとりあえずは問題にならない。在位のまま死を迎えようという帝王観はそういうぎりぎりの響きの中で現実性を帯びた考え方だったのではないだろうか。

ところが、村上天皇の容態の進行があり、その後すぐに崩御が現実のものとなった。安和の変はそういう事態の中で起こった事変なのである。

事実はそうとして、『栄花物語』はなぜ為平親王の元服と高明女との婚姻の時期を誤ったのか。それは「為平親王の婚姻」の項で述べたごとく、兄憲平親王との年齢の近さなどから来る近似した把握がそういう結果をもたらしたとしか思えない。そしてその把握は、歴史的事実として捉えるという把握なのである。

その把握により、為平親王の元服を早くに設定してしまったために、為平親王の東宮不適格説が必要になり、安和の変の何年も前から、為平親王は東宮に立てないことになっていたという論理を用意せざるを得ず、その論理が源氏の世の中になってはいけないという論理に合流させられていく。少なくとも、『栄花物語』はそういう筆の運びをしていて、それが事実だったと理解して書いているということになるのである。しかし、これは『栄花物語』が史実を誤認したが故の辻褄合わせに過ぎない。

村上天皇が実頼に対して次期東宮について内意を告げたという記事の真偽のほどはわからない。ただ、村上天皇にしてみれば、自らに死が近く感じられなければ意向を固めることは必要でなかった。少なくとも、高明が右大臣に昇格し、為平親王と高明女との婚姻が進行していく流れの中では、次期東宮として守平親王を推す意向は必要なく、ただひたすら在位のまま死を迎えようという帝王観の中で、将来を展望していれば良かったはずなのである。

康保四年（九六七）五月二十五日に村上天皇が崩御。ただちに冷泉天皇が即位した。それから約三ヶ月後の九月一日に守平親王立太子のことが行われた。この間のことは『栄花物語』にも次のように書かれている。


事どももみなはてて、すこしこころのどかになりてぞ、東宮の御事あるべかめる。式部卿宮（為平）わたりには、人しれずおとどの御けしきをまちおぼせど、あへておとなければ、「いかなればにか」と御むねつぶるべし。源氏のおとど（高明）、「もしさもあらずば、あさましうもくちをしうもあべきかな」と、ものおもひにおぼされけり。かかるほどに、九月一日東宮（守平）たち給ふ。五宮ぞたたせ給ふ。御年九にぞおはしける。みかどの御年十八にぞおはしましける。このみかど（冷泉院）たたせ給ふおなじ日、女御もきさきにたたせ給ひて中宮と申す。昌子内親王とぞ申しつるかし。朱雀院の御こころをきてを、本意かなはせ給へるもいとめでたし。中宮大夫には、宰相朝成なり給ぬ。春宮の大夫には、中納言師氏、傅には小一条のおとどなり給ひぬ。みな九条殿の御はらからの殿ばらにおはすかし。ただし九条殿の君だちは、まだ御くらゐどもあさければ、えなり給はぬなるべし。

「事どももみなはてて」とは四十九日の法事も済ませたことをいう。次期東宮のことを扱うにはかなり早いタイミングだといえるのではないだろうか。こういう早さから考えれば、村上天皇の内意はきちんと実頼に伝えられていたのではないかと思われる。

高明は前年に右大臣に昇任しており、年の暮れ近くに娘と為平親王との婚姻も果たしているので、内々、為平親王の立坊を期待するところはあったと考えるのが普通であろう。しかし、ここで綺麗に線は引かれた。高明に近い存在としては、公卿としては同年齢の兄弟源兼明がいるに過ぎず、高明がこの年左大臣に昇任し、兼明が大納言に上がったとしても、関白実頼、右大臣師尹、権大納言伊尹、中納言師氏を擁する師輔まわりの藤原氏とは差があったというほかないであろう。

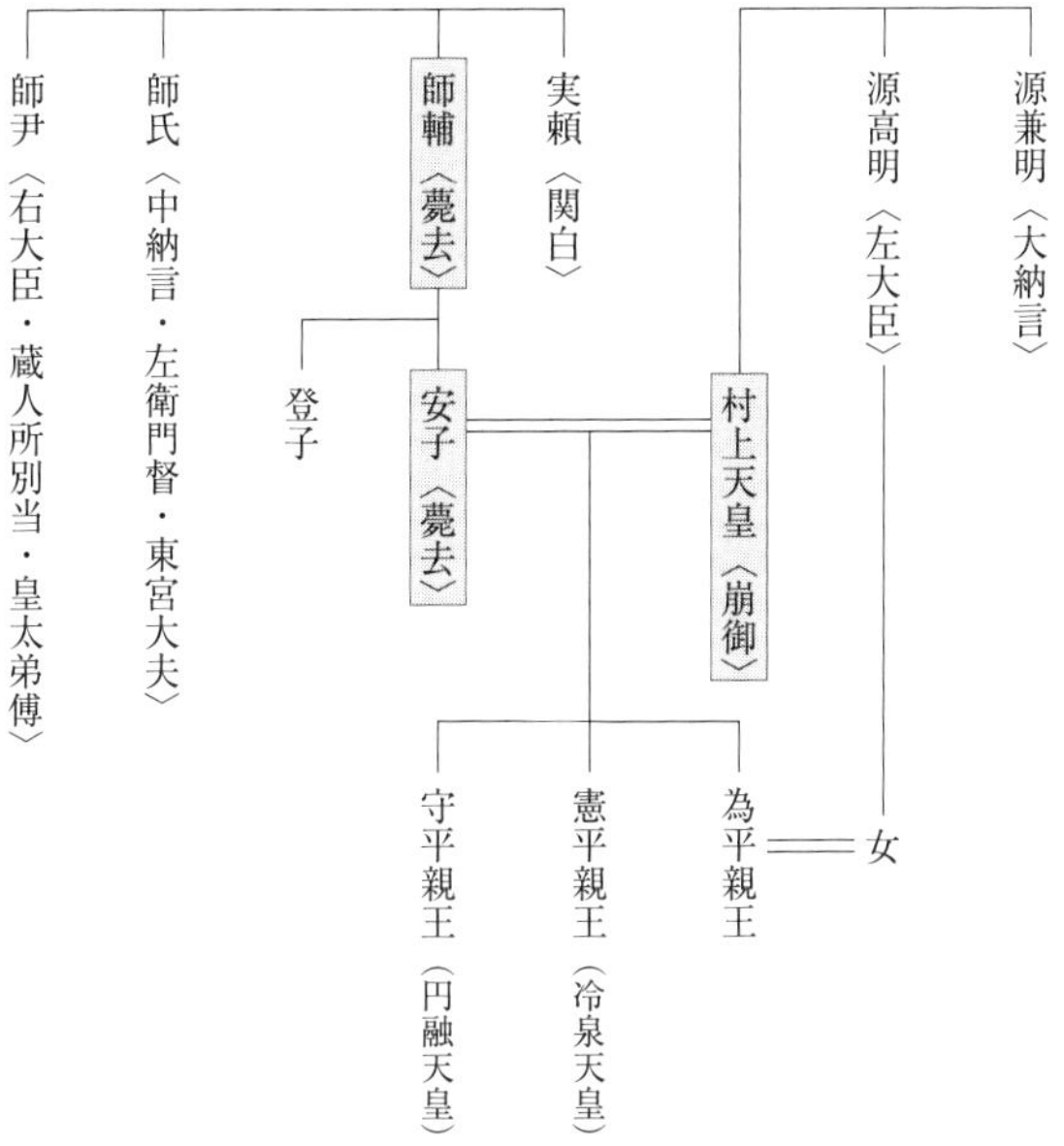

図7　康保四年の状況

しかも、『栄花物語』がここでいっているように、将来有望な師輔の子供達がまだ顔を見せていないという陣容の充実ぶりからすれば、高明の期待は少し無理があったと見えてくるのである。

藤原在衡の娘正妃には村上天皇の皇子が致平親王、昭平親王、保子内親王といたけれども、藤原氏の主流でない上に、村上天皇崩御の康保四年には七十六歳で、あまりに高齢に過ぎた。だから昇任もままならず、特に皇位継承に関わって動きを見せることなどなかったのである。

康保四年の状況は上図の通りである。
（為平親王は年齢順を無視している。）

為平親王の皇位継承の可能性については、『栄花物語』が為平親王の子の日の遊びの記事を書く時に次のように記述している。

式部卿の宮（為平）のわらはにおはしましをりの御子日の日、みかど・きさきもろともにゐたたせ給ひて、いだしたてたてまつらせ給ひしほど、御馬をさへめしいでて、御前にて御よそひをかせなどして、たかいぬかひまでのありさまを御らんじいれて、弘徽殿のはざまよりいでさせ給ひし。御ともに左近中将重光朝臣・蔵人頭右近中将延光朝臣・式部大輔保光朝臣・中宮権大夫兼通朝臣・兵部大輔兼家朝臣など、いとおほくおはしきや。そのきみたち、あるはきさきの御せうとたち、おなじき君達ときこゆれど、延喜の御子中務のみや（代明）のおほんこぞかし。いまはみなおとなになりておはする殿ばらぞかし。おかしき御かりさうぞくどもにて、さもおかしかりしかな。船岡にてみだれたはぶれ給ひしこそ、いみじきみものなりしか。きさいの宮（安子）の女房、くるまみつよつにのりこぼれて、おほうみのすりもうちいだしたるに、「船岡のまつのみどりもいろこく、ゆくすゑはるかにめでたかりしことぞや」とかたりつづくるをきくも、いまはおかしうぞ。「四宮（為平）みかどがねと申しおもひしかど、いづらは。源氏のおとど（高明）の御むこになり給ひしに、ことたがふとみえしものをや」など、よにある人、あいなきことをぞ、くるしげにいひおもふものなめる。

為平親王の元服前のこと。村上天皇も母の安子も健在であり、為平親王の子の日の準備に熱心に関わった。お供には師輔の子や村上天皇の兄である代明親王の子などが加わった。后の宮安子の女房達もその日の行事に加わり、思い出深い話として記憶している。ところが、今となっては「「四宮（為平）みかどがねと申しおもひしかど、いづらは。源氏のおとど（高明）の御むこになり給ひしに、ことたがふとみえしものをや」など、よにある人、あいなきことをぞ、くるしげにいひおもふものなめる。」という有様である。

ここにある時間差の意識が歴史記述として重要である。

その時間差とは、為平親王は元服前であり村上天皇も安子も健在の時と、「源氏のおとど（高明）の御むこになり給ひし」時との差である。

事実は、為平親王の元服は康保二年（九六五）五月二十七日であり、安子の薨去は応和四年（九六四）四月二十九日であるから、為平親王の子の日のことは、安子の薨去の応和四年四月二十九日より前のことということになる。実際は安子の薨去は選子内親王出産間もなくのことであるから、為平親王の子の日のことは、安子の薨去より数ヶ月以上前のことと捉えるのが正しいと思われる。そして、為平親王と高明女との婚姻は康保三年（九六六）十一月二十五日のことであるから、為平親王が決定的に次期東宮から外れることになるのはそれよりあとということになる。

『栄花物語』では、為平親王の元服は、師輔の薨去より前には書いているが、為平親王の元服と婚姻を同時とし、為平親王の婚姻を喜ぶ師輔の姿が書かれないことからすると、師輔の薨去（天徳四年〈九六〇〉）より少し後の可能性を含んで書いているように思われる。そういう時代の理解の仕方は、村上天皇も安子も健在の時という強い歴史把握からすれば、極めて正当性の高いものとなる。

　つまり、事実としては、為平親王の子の日のことは『日本紀略』や『大鏡裏書』によれば康保元年二月五日のことであり、平安時代の出産事情は詳らかではないが、『栄花物語』の記事によれば、安子は為平親王の子の日の行事の準備に熱心であったばかりか、安子の女房達は当日行事に関わっているので、安子が出産準備時期にあることを十分考えれば、四月二十四日に選子内親王を出産していることから考えれば、『栄花物語』の作者は、この為平親王の子の日を出産日に接近した二月五日のことではなく、もっと前のことと自然に考えることになったのではないだろうか。こういうことも、為平親王の婚姻を事実より早くに想定する一つの要因になっているように考えられるのである。

十一、『蜻蛉日記』の安和の変

　安和の変とは何だったのか。

　『栄花物語』が記述するように、やはり、高明の野心が発覚し、流罪に処せられたということであろうか。

　流罪に処せられ、安和二年（九六九）三月二十六日に大宰権帥に配流された高明が、翌々年の天禄二年（九七一）十月二十九日には都に召喚されているという事実と照合する時、この流罪に処するということの深刻度というか、切実さというか、その真剣さが今ひとつ伝わってこないように感じられてならない。

そこで、『蜻蛉日記』にも安和の変に関する記述があるので、参考のために記事を見ておきたい。

二十五六日のほどに、西の宮の左のおとど、ながされたまふ。みたてまつらんとて、あめのしたゆすりて、西の宮へ人はしりまどふ。いといみじきことかなときくほどに、人にもみえ給はで、にげいでたまひにけり。「愛宕になん」「清水に」などゆすりて、つゐにたづねいでて、ながしたてまつるときくに、あいなしとおもふまでいみじうかなしく、心もとなき身だに、かくおもひしりたる人は、袖をぬらさぬといふたぐひなし。あまたの御子どもも、あやしきくにぐにの空になりつつ、ゆくゑもしらずちりぢりわかれたまふ。あるは御ぐしおろしなど、すべていゑばおろかにいみじ。おとども法師になりたまひにけれど、しゐてそちになしたてまつりて、おひくだしたてまつる。そのころをゐ、ただこのことにてすぎぬ。身の上をのみする日記には、いるまじきことなれども、かなしとおもひいりしもたれならねば、しるしをくなり。

この記述の中でやや注目されるのは、「人にもみえ給はで、にげいでたまひにけり。」ではないだろうか。このあたり、『蜻蛉日記』以外、史料でも逃亡の事実は知られない。流罪に処せられる人物が逃亡する話としては、『栄花物語』の巻五・浦々の別れにおいて、伊周が宣命が読み上げられて後に数人で逃亡したと書かれている。その時のことを『栄花物語』は「夜中ばかりにいみじう寝入りたれば、御舅の明順ばかりとともに、人二三人ばかりしてぬすまれ出でさせ給ふ。御心中におほくの大願をたてさせ給ふしるしにや、ことなく出でさせ給ひぬ。」と書いている。この記事が不思議に『蜻蛉日記』に近い。

伊周の逃亡は事実として史料により確認できる。『小右記』によれば、伊周は愛宕山に行っていたとされていたとあり、ここの『蜻蛉日記』の記事と相通ずるものがあるので興味が引かれるが、流罪に処せられた人物が逃亡するところは前例のようなものがいっぱいあって、それが歴史的事件を理解する形を作っていて、『蜻蛉日記』の作者は、風評や自分自身の中にある思い入れを加えて言葉を選び、書いているのではないだろうか。少なくとも『蜻蛉日記』には「いといみじきことかなときくほどに」「ながしたてまつるときくに」とあって、人々の噂を聞いて書いているのである。

愛宕山（現京都市右京区嵯峨愛宕町）

さらに、『蜻蛉日記』の記述では、配流される高明の子供達をめぐって「あまたの御子どもも、あやしきくにぐにの空になりつつ、ゆくゑもしらずちりぢりわかれたまふ。あるは御ぐしおろしなど、すべていゑばおろかにいみじ。おとども法師になりたまひにけれど、しゐてそちになしたてまつりて、おひくだしたてまつる。」と書いている。

この子供達をめぐる記述は、『栄花物語』では次のように書いている。

おとこ君だちのかぶりなどし給へるも、をくれじをくれじとまどひ給へるも、あえてよせつけたてまつらず。ただあるがなかのおとゝにて、わらはなる君（俊賢）のとのの御ふところはなれ給はぬぞ、なきののしりてまどひ給へば、ことのよしをそうして、「さばれ、それは」とゆるさせ給ふを、おなじ御くるまにてだにあらず、むまにてぞおはする。十一二ばかりにぞおはしける。

そして、これらの記述は『大鏡』において、道真が配流される時の次の記事とも通うところがある。何かしら、記事に類型のようなものがあるのではないかと勘繰りたくもなるのは不自然であろうか。

このおとど（道真）、子共あまたおはせしに、女君達はむこどり、男君達はみな、ほどほどにつけて位どもおはせしを、それもみなかたがたにながされ給ひてかなしきに、おさなくおはしける男君・女君達したひなきておはしければ、「ちひさきはあえなん」と、おほやけもゆるさせ給ひしぞかし。みかど（醍醐）の御をきてきはめてあやにくにおはしませば、この御子どもをおなじかたにつかはさざりけり。

一家離散の姿と、小さい子供に対する配慮は、『大鏡』においては両方とも書いており、『蜻蛉日記』

には幼少の子供に対する特別な記述はなく、『栄花物語』には一家離散の記述はない。ただし、それぞれの記述が伝える事件性とでもいうようなものは、ほとんど共通しているように感じられてならない。

さらに言うならば、『蜻蛉日記』の作者が書いていることも、作者自身は自分は事実だと思って書いていると思われる。歴史事実を書くという意味は、かように不確実なものを含むことがあるのであり、少なくとも、全ての人が強い関心を持っていたような事項は、日常的に知識もあり、それだけ思い入れも強かったものと思われる。

『栄花物語』は、『蜻蛉日記』よりももっと正面に歴史性を意識しており、記述に当たってはかなり資料をひっくり返し、確認できることは調査し直したものと思われるが、それでも皇位継承などという歴史的にずっと続いてきた歴史的事象については、かなり総合的判断も手伝って、歴史再生の手順を踏んでいるものと思われる。それがここまで『栄花物語』の記述を追ってきた意味であることは、ご理解いただけると思う。

『蜻蛉日記』の冒頭にはこう書かれている。論旨の都合上、再掲する。

かくありし時すぎて、世中にいとものはかなく、とにもかくにもつかで世にふる人ありけり。かたちとても人にもにず、こころだましひもあるにもあらで、かうもののえうにもあらであるもことはりとおもひつつ、ただふしをきあかしくらすままに、世中におほかるふるものがたりのはしなどをみれば、世におほかるそらごとだにあり、人にもあらぬ身のうへまで書き日記して、めづらしきさまにもありなん、天下の人のしなたかきやととはんためしにもせよかし、とおぼゆるも、すぎにし年月ごろのことも、おぼつかなかりければ、さてもありぬべきことなんおほかりける。

今日の自我というのとは少し異なるが、『蜻蛉日記』にも自分というものについての意識は当然あって冒頭の書き出しがある。その中で、世の中で参考にしている物語には事実でないことも多い。そこで、自らの身の上の事実を書いて、高貴な人間とはこういうものだと知ってもらいたいと思う。しかし、確かそうだったたと思う程度のことも多くなってしまった。

安和の変の記述も、この延長線上に読み解いて良いと思われる。

基本的には事実を書こうとしてはいるものの、記憶をたどる中に多少危ういものが混ざる。ただ、そらごとを書いて良いとはまったく思っていないということである。

十二、罪はあって悪人なし

当時の政治構造というか、主従関係というか、そういうものからしても、世の中には藤原氏の側に心を寄せる人々はそれなりに多かったのではないか。だから藤原氏が他氏排斥事件を起こしても、排斥した藤原氏が悪いとはどこにも書かれていない。事件を記録した記事の中にも、その事件の内容を文章で書くところでも、流罪にした藤原氏が悪いとはどこにも書いていない。

一方、左遷事件をどう書くかということになると、流されたほうが謀反を企てたという意味では悪人なのかというと、そうも書かれていない。流されたほうはあくまで気の毒な同情すべき存在なのだ。そういう意味では、事件と言いながら悪人はいないことになる。あくまで、書いている人間は何を書いているかというと、誰が悲しい思いをしたかというそこが一番大事なわけで、加害者とか被害者とかいう感覚ではない。ただ、あくまで、事件を書くときには誰がそういう悲しい思いをしてしまったのかということを書き留めたいだけという感じがある。あくまで、流された本人にも同情的で、流した藤原氏も悪人としては書かない。社会的な状況の中で左遷事件は自然発生的に起こった。その中で悲しい思いをした人がいる。安和の変では源高明がそうだという、そういう話になっているのである。

十三、左遷事件と皇位継承問題

左遷事件と皇位継承問題が絡む記事が『栄花物語』にはもう一つある。

それは、伊周・隆家の左遷事件と敦康親王の皇位継承問題である。

『栄花物語』では、伊周・隆家の配流から召還される理由が、敦康親王の誕生となっており、これが史実と異なるのである。

順を追う意味から、源高明が召還された時の記事を見ておきたい。

まず、『日本紀略』だが、天禄二年十月二十九日の条に「辛卯。大宰員外帥源高明を召返す。使、内舎人。」と書いてある。『公卿補任』の安和二年の高明が配流される記事の中には「天禄二年十月二十九日官符。三年四月二十日帰京。」と書いてある。また、『大鏡』裏書にも「天禄二年十月二十九日召返」と書かれている。

ついでに藤原伊周と隆家が流されて召し還されるときの記事も見ておこう。『日本紀略』の長徳三年四月某日条に「大宰権帥伊周出雲権守隆家召し返さる」とある。また、『公卿補任』にはそれぞれ配流された長徳二年の記事の中に、伊周のところには「長徳三年三月二十三日官符を給ひ召し返す。十二月入洛」とあり、隆家のところには「長徳四年五月四日帰京」とある。

さて、召還、召し還すという記事について、何か特徴的なことに気付かれただろうか。それは、召還の場合には、理由が書き留められないということだと思うのであるがどうであろうか。配流した人物を召し返すのであるから、記録に残せないような理由が立つことはまず考えなくて良いと思われる。しかし、どういう理由で召し還されることになったのかということが公的な記録には書かれない。

ところが、『栄花物語』では、読める歴史を書いているので、突然理由もなく召し返されたなどとは書けるはずもない。いやむしろ、もっと積極的にこういう理由で召し返されたのだと、理由を見つけていた節がある。それが実は、藤原伊周は、敦康親王が生まれた慶事の恩赦で都に召し還されたのだという記述であって、この『栄花物語』の記述が事実として確認できることと異なってくるので、大きな問題になってくるのである。

出雲国府故地（現松江市大草町）

伊周と隆家の召還の理由については、『百練抄』長徳三年四月五日条に「前帥（伊周）出雲権守（隆家）等召し返すべきの由宣下す。去んぬる月二十五日東三条院（詮子）御悩に依り非常の赦の恩詔を潤すべきや否や、諸卿をして定め申さしむ。遂に恩免有るなり」と明快に書いている。このことは『小右記』同日条にはもっと詳しく書かれており、次のようにある。

（左大臣道長が）諸卿に仰せて云はく、大宰前帥（伊周）出雲権守藤原朝臣（隆家）に霑すべく、去んぬる月二十五日恩詔か否か、召し上ぐべからざるか、恩詔を潤すと雖も尚本所に在すべきか、その間定め申せてへり。右大臣（顕光）左衛門督（誠信）宰相中将（斉信）定め申して云はく、件の両人の罪恩詔を潤すか。但し召し上ぐる事に至りては明法家に下し勘へらるべきなり。左大将（公季）民部卿（懐忠）申して云はく、罪恩詔を霑すべし。召し上ぐる事においては、先例を尋ねらるべきなり。余（実資）平中納言（惟仲）右衛門督（公任）勘解由長官（源俊賢）申して云はく、罪恩詔を潤すべし。免犯八虐の文に依れ。但し召し上ぐる事に至りては只勅定在るのみ。左右難じて定め申す。左大弁（源扶義）申して云はく、罪恩赦を潤すべし。又恩詔を潤し乍ら猶本処に在れてへり。余竊に思ふ。惟ふに法条の指す所、已に以て分明なり。然れども敢へて申すべからず。左大臣各の申す旨慥かには聞かず。左大臣（道長）定めて申す旨心に銘す。座を起ちて御所に参上す。やや久しくして還りて便の座に着す。諸卿に示して云はく、前の非常の大赦の時、かくの如きの流人、殊に思し食す所有りて召し上ぐるの例有り。何ぞいはんや罪に赦を潤すこと在らしむるをや。召し上ぐべしてへり。左大臣大外記致時朝臣を召し、流人を召す使の例を勘へ申さしむ。諸卿燭をとりて後退出。

陣座（京都御所）

伊周・隆家を赦すに当たって、まず、赦して良いかどうか、その上で赦すとすれば都へ召し返すかどうか。そのまま配流の地に留めるべきか、審議している様子がかなり詳細に書き留められている。特に、召還については、明法家に調べさせるべきであるとか、先例を調べるべきであるとか、帝のご決定によるのみであるとか、そのまま配流の地に留めるべきであるとか、多様な考えが提示されたことがわかる。実資は特に意見は述べなかった。道長は全体の意見を掌握して帝のもとに赴き、恩赦、召還を決定したのである。

ただ、気がつかれたかもしれないが、恩詔を潤す理由がどこにも書かれていない。

飽くまで、史料を読む我々は、『百練抄』長徳三年四月五日の記事にある「去んぬる月二十五日東三条院（詮子）御悩に依り非常の赦の恩詔を潤すべきや否や」とある日にちの記事を、『小右記』の「去んぬる月二十五日恩詔か否か」という記述と重ねて読んでいるに過ぎない。

言うまでもなく、『百練抄』はずっと後の時代の史料であるので、『栄花物語』が書かれた時代には、史料による明確な記述に出会うことはかなり難しかったのではないかとの推測が強くなってくるのである。

本書では、最近の学説には敢えて触れないように話を進めているが、ここでは一つだけ触れておかないと論が偏ってしまう。それは、山中裕の『歴史物語成立序説』に書かれた『源氏物語』の影響をここに見る説である。

『源氏物語』では、須磨に居る光源氏が都に戻ることになるきっかけを、藤壺が生んだ東宮が帝位に即く時、光源氏が新朝廷の後ろ見として期待されたことにしており、敦康親王の可能性を考えた『栄花物語』の作者が、敦康親王の誕生を伊周と隆家の召還のきっかけとなったと筋道を結びつけるのである。山中は『源氏物語』と『栄花物語』の本文を引用してその発想の類似を指摘して、最終的には「ある程度源語を模倣しようとしていた」としている。

このことは、翻って、伊周が配流に処せられた時、逃げて父道隆の祀られている墓所に行ったと書く『栄花物語』の記事とも関連を持ってくるということもある。光源氏も須磨行の前に父桐壺帝の墓所に参じているのである。このような発想の類似点を縷々書き続ければかなりの説得力を持つが、一方で説明は複雑になる。それは、伊周の逃亡は史料によってほぼ事実と認められるからであり、逆に伊周の事実を知って『源氏物語』が発想の拠りどころとしたというふうに逆のベクトルもできてしまうからである。

『源氏物語』が基底部分に分厚く歴史事実を敷いていることは間違いのないところであるが、『栄花物語』の内容が『源氏物語』に発想が類似することによって『栄花物語』を歴史離れした記述をしているという方向に論じていくことだけは間違いと言わざるを得ない。それだけ、配流に関わる歴史的事実とそれに伴う物語の流布は道真の話だけにとどまらず多様にあったということではないのだろうか。『蜻蛉日記』の高明の逃亡記述もそのあたりに帰着するように思われてならないのである。

十四、事実とはどういうものか

では、『栄花物語』が理解できたこととはどういうものであったかを考えてみる必要がある。伊周と隆家が配流された理由は、『栄花物語』に「太上天皇を殺したてまつらむとしたる罪一つ、帝の御母后を呪はせたてまつりたる罪一つ、公よりほかの人いまだおこなはざる大元法を、私に隠しておこなはせたまへる罪」と書かれている。つまり、伊周の罪の中に女院詮子を呪詛したことがあり、その伊周と隆家の罪を許し都に召還する理由が詮子の病悩に起因する恩赦であったとは簡単には予想もできなかったのではないだろうかと考えてみたくなる。疫病神を呼び戻すようなことになるというまでの発想はなかったのだろうとは思われるが、こういう直接的な対立関係にある事柄とも思える事については、誰も、何も考えなかったのだろうか。

そういうふうにまで考えてくると、『百練抄』が何によって「東三条院（詮子）御悩に依り非常の赦の恩詔」と記したのか、疑ってみたくもなる。

しかし、『日本紀略』や『小右記目録』などの記事と見比べると、伊周と隆家に対する三月二十五日の恩詔と召還の決定は、百練抄にいうとおり「東三条院（詮子）御悩に依り非常の赦の恩詔」であることに間違いはなさそうであり、もしも、伊周と隆家の罪を許し都に召還する理由として詮子の病悩に起因する恩赦であったということだけは考えられないと強く考えた人物があったとすれば、それこそ『栄花物語』の作者だったのではないだろうか。

大赦は慶事によって行われることが多かったが、敦康親王の誕生は長保元年十一月七日であったから、伊周と隆家が赦されて帰京した時より後のこととなるので、敦康親王の誕生が大赦の理由になった可能性はない。

では、何か他に考えられることはないかというと、脩子内親王の誕生がある。

脩子内親王の誕生は長徳二年十二月二十日頃であるから、恩詔を施すべきかどうかを審議する三ヶ月ほど前のこととなる。

配流の宣命が下されたのは長徳二年四月二十四日であったから、一年も経たないうちに慶事があったことになるが、大赦と帰京のタイミングを考えれば、これが一番すっきりする。

伊周と隆家の帰京の年月を記す『公卿補任』は明らかに後に書き入れられたものであり、その記事が『栄花物語』作者の依った根拠である保証はない。そういうこともあって、『栄花物語』作者は少し幅を持たせて歴史事実の再構築を求められているのであり、その幅が、敦康親王の誕生が大赦の理由となるべき理由だったと歴史を再構築するきっかけになっている可能性は大いにあると思われるのである。

敦康親王の誕生は長保元年十一月六日であり、道長長女彰子が女御となった日と同じ日である。この事実が、当時の人々の事実認識を把握しようとする上で、さまざまなことを推測させることになる。

言うまでもなく、道長はこの日のためにさまざまな準備をしてきたであろうし、大きな慶びごととしてこの日を迎え、過ごしたに違いない。

一方、定子の皇子出産に関しては、だいたいの日程くらいは知っていた可能性はあるが、確定的な日取りは当然予想もしていなかった可能性が大きい。

敦康が生まれたのは寅の刻とあるから未明であり、道長とその周辺では、男皇子誕生の慶びは、その知らせが届いていたとしても、彰子の女御となった慶びの前でかき消されるような状態になった有様が、彷彿としてくる。

ただ、伊周と隆家は既に罪を許されて帰京しており、定子の男皇子を儲けた話は、道長に大きな影響を与えないはずがないのである。

こういう事実関係に対する認識が、敦康親王の誕生と伊周・隆家の恩赦・帰京の直接的な関係へと理解を組み立てさせた。これは、当時の事実の起こる順序と、それぞれの事実に関する情報の当時的事情

が可能にしたとしか言いようがない

ここで、史実と『栄花物語』の記事との関係について確認しておきたい。

長徳二年（九九六）　四月二十四日　伊周大宰権帥、隆家出雲権守に配流の宣命
伊周病により播磨国に逗留（補任）
▲隆家配所に到着
五月　一日　隆家但馬国において病を申し出て逗留（補任）
十一月　某日　伊周密かに入京、大宰府に追遣（補任）。
伊周（大宰府到着十二月四日）
十二月二十日頃　脩子内親王誕生
三年　三月二十三日　▲伊周に召し返すの官符（補任）
三月二十五日　東三条院御悩により大赦（百練抄）
四月　五日　伊周と隆家に召還の宣旨
二十二日　▲隆家入京（？）
十二月　伊周入京
四年　五月　四日　隆家入京（補任）

『公卿補任』の詳細な記事を交えて年月日を追ってまとめたのが以上である。『公卿補任』の記事は、長徳二年の伊周、隆家それぞれのところに記述されており、当然、後日の追記を含むものである。

追記であることを理由に『公卿補任』の記事を疑う向きもあるが、『公卿補任』の記事は伊周の入京など、『栄花物語』の記事と内容的に重なるところがあり、簡単に排除せずに読み取る方法はないものか、検討してみたいと思う。

伊周と隆家に宣旨が下されたのは四月五日とする『小右記』の記事を信じるのが通常と思われるので、それより少し前から伊周、隆家を恩詔に浴させようとする動きがあり、その内々の動きが三月二十三日頃からあったとみて『公卿補任』の記事を読むことはできないか。その動きは多分一条天皇を中心とする動きで、二人を都に召還しようとする内容を含むものであったので、四月五日の審議に及んだというのが読み取りやすいストーリーのように思われてならない。

大赦の理由を東三条院の御悩とするのは『百練抄』のみであり、詳細な記事を持つ『小右記』もその理由を書き記していないので、あえて『百練抄』を後代のものとして下げて考えると、長徳二年十二月二十日頃の脩子内親王誕生が俄然大きく出てくることに気付くのである。その慶事が伊周と隆家の二人を呼び戻させたのだとすれば、いちおういろいろな説明は順当にできることにはなるのである。

道長にとっては、男皇子誕生という慶事ではないので、特に正面切って反対に回る必要もなかったのではないだろうか。

それが、『栄花物語』では敦康親王の誕生の慶事と推測してしまったために、事が大きく皇位継承問題と絡むことになってしまった。ただ、そういうよりも、むしろ、歴史的事件はほとんど皇位継承問題と絡むというふうに信じているところがあり、その信条から伊周・隆家は敦康親王の誕生の慶事による恩赦によって召還されたと推測したというほうが正しいかもしれない。

敦康親王の誕生が、彰子が女御となる日と同じになったこととも絡んで、道長家周辺の人物には、敦康親王誕生の時日が把握しにくい状況にあったと推測されることも手伝って、『栄花物語』執筆の頃には、かなり多くの人々、特に女房達は、恩赦の成り立ちを敦康親王の誕生によると思っていたと推測することにはそれほど無理はないように思われるのである。

そして、実際に、召還する時に、伊周・隆家は流されてから呼び返されるまで一年かかっていない。それは通常の感覚からしても早すぎる。流罪に処せられた者の前例としては、高明が二年半で召還され、道真は二年と少し流されて流刑地で死んでしまっている。そういう、流罪に対する当時の歴史的な常識からしても一年足らずはやはり理解し難いほど短いということもあって、敦康親王誕生というものを召還の理由として見つけたのではないかということも考えられるのである。

結びに代えて

本書は、歴史的事実としては有間皇子（六四〇―六五八）を最も古いあたりとして書き起こした。『水鏡』などという作品もあるので、もっと古い時代の知識も平安時代の人々は持っていたと考えることは可能なのかもしれないが、『万葉集』や『懐風藻』などの作品に内容豊かに記載されている文化の流れからすると、やはり、平安時代の人々が、生きた歴史として皇位継承問題を捉えていたのは、有間皇子からで良いのではないかと思われてくる。

一つ一つ史実を追い掛けて驚くことは、皇位継承問題というある種限定したテーマであっても、国情というか、国の歴史としては、連綿と、ほぼ間断なく、さまざまな問題が継続しているという事実に出くわしたことである。この連続性は史実が重畳することであり、歴史というものの文化的意味の重みをも意味するものである。

本書はいちおう、皇位継承問題の主要なものは全て掲げたつもりである。歴史家に言わせればさらに細部を指摘する人もあるかもしれないが、平安時代の人々が比較的詳しく知り得た史実としては、ほぼこれでいいと思われる。

そして、その連綿とした史実から発酵するかのように醸し出される歴史意識というもの、それが、本書として最も光を当てたいものである。そしてそれこそ、『栄花物語』の謎を解くもっとも重要な鍵だと思われるのである。

『栄花物語』を研究していて考えさせられることは、記事の骨格の一つが皇位継承問題であり、それが歴史記述であり具体的であって、それでいて史実との相違、記述の誤りと指摘されることの少ないことである。

十分な自信に満ちて書き進められる筆致がなぜ誤りを含むのか。

その理由は、その時代における歴史意識の中に内在するものと思われる。

だから、その時代の作品を読み比べることも有効な方法となる。

『源氏物語』の歴史的背景としては、光源氏の須磨行と『伊勢物語』における業平の東下り、歴史記録における藤原高子の后位の問題と陽成天皇の即位の問題、さらには史実における業平の父阿保親王や文徳天皇の皇子惟喬親王らと皇位継承に関わるもろもろの歴史的事情など、おおまかには『伊勢物語』の時代背景に大きく近いものを感じるが、ただ、それらも考証して特定の歴史的事実に寄せきれるものではなく、『源氏物語』の時代にはこういうふうに歴史的事実は理解されていたと明示できるものではないと言うべきかと思われる。

『大鏡』は文徳天皇から書き起こしており、当時における歴史意識の始点としては『伊勢物語』の背景に注目しているように感じられるが、歴史的な注目点としてはその頃にありそうであることはほぼ間違いなさそうである。

『栄花物語』は六国史に接続するかのように書き始めており、歴史的目線の始点は『大鏡』とは異なることは明らかであるが、時代として感じている〝今〟はともに道長の時代とその後であり、その目線のずれに注目することも大事なことかと思われてならない。

そういうもろもろの文学的歴史現象とでもいうか、諸事情を踏まえて、どういうふうに歴史を辿りながら当時の人々が歴史を把握し得ていたか、そのあたりのことを意識しながら、皇位継承問題を追うことによって、『栄花物語』の持つ問題点を何とか説明してみたい。そして、当時は個別の歴史的事実がどう書かれていたかを示しながら、当時の人々はそのように書くことによって、どう人間の本質を感じていたかを考えることにしたい。これが、本書の主たる目的である。

そうして、『栄花物語』における〝今〟を歴史意識として抽出し得ていれば、本書の題目は達成されたことになる。

関連資料紹介

本編では、壬申の乱の少し前から『栄花物語』の初めのあたりまでの皇位継承問題を史実に沿って見てきた。

その間に『万葉集』や『懐風藻』など文学作品にも触れ、『蜻蛉日記』のような女流日記にも触れた。そして関連して、『百人一首』のような少し時代の下る作品にも言及した。

お分かりのように、皇位継承問題は綿々と歴史の真ん中を流れ、次々の時代へと意識として継承されていったのである。

ここに紹介しようとする二つの絵巻物は、実際に描かれたのは、史実として事件のあった時代よりはあとであり、事件そのものの記憶としては語りつがれた部分のみ残り、既に事実そのものは跡形もなくなった頃に成立したものと思われる。

それをここに紹介するのは、皇位継承に関連する事件に絡む歴史意識が、人々の間に語りつがれ、意識として継承され、それなりの時間の間に醸成されたものがどういうものであったか、また、それが形として形象されたものがこういうものであったということを味わっていただきたいと思うからである。

ここに紹介する資料は、いわゆる一級資料ではない。

紹介する二つの資料のうち、『伴大納言絵詞』は出光美術館に国宝として指定されたものがあり、弘安本『北野天神縁起絵巻』は重要文化財に指定された北野天満宮所蔵の三巻を含め、東京国立博物館・大東急記念文庫・アメリカシアトル美術館等に絵の部分が分蔵されているという。

本書に紹介するのは、国文学研究資料館蔵『伴大納言絵詞』と個人蔵『北野天神縁起絵巻』六巻であり、美術史料としては国宝や重要文化財には及ばないものがあるが、模本として作成された時代や絵師の豊かな個性もあり、個人蔵『北野天神縁起絵巻』は六巻なので、それぞれ固有の高い価値を持つものとして注目しているものである。

『伴大納言絵詞』三巻は国宝の出光美術館蔵がよく知られている。

ここに扱う資料は、美術的価値よりも内容に大きく重点を置くので、『伴大納言絵詞』は国文学研究資料館蔵の『伴大納言絵詞』三巻によって話を進める。模本もそれなりに鑑賞価値の高いものである。

国文学研究資料館蔵『伴大納言絵詞』を描いた絵師は、箱書きに依れば茗渓という人物かと思われる。

ここに扱う『北野天神縁起絵巻』個人蔵六巻は、絵師についてはわからず、詞書きの文字もやや読みづらいが、詞書の最後に「于時聖暦戊午弘安元年夏六月比微功ヲオフト云事爾也」とあるので、弘安本でよいかと思われる。

『伴大納言絵詞』

『伴大納言絵詞』は応天門炎上事件から始まる。

この応天門炎上事件のことは、本書では第二章十一「『伊勢物語』の世界とは」で少し触れている。

応天門炎上事件がどう皇位継承問題と関わるかというと、当該箇所で触れた『大鏡裏書』に紹介する藤原実頼の談話が、文徳天皇から清和天皇への皇位継承に際して、清和天皇の年齢のことを強く意識しているからであり、その清和天皇の政治力に関わって応天門炎上事件が語られるからである。文徳天皇が惟喬親王を推そうとする最大の理由は清和天皇の年齢にあった。

清和天皇は嘉承三年（八五〇）の生まれ。応天門の変のあった貞観八年（八六六）には十七歳であった。この年齢が応天門の変を処理する上でどれほどの見識を活用し得たかがこの応天門炎上事件の本質を語る上で重要なのである。

一部既述箇所と内容的に重なるところがあるが、『大鏡裏書』に記述される実頼の談話をもう少し紹介しておこう。

文徳天皇の最愛の皇子としては紀静子との間に生まれた第一皇子惟喬親王がいた。惟喬親王は承和十一年（八四四）の生まれであるから、清和天皇より六歳年長ということになる。

事実は、既に天安二年（八五八）に文徳天皇は崩御しており、天安四年に清和天皇の即位はあった。時に十一歳であった。その時惟喬親王は十七歳ということになる。

実頼の話は文徳天皇在世の頃であり、惟仁親王（清和天皇）が皇太子であり、十一歳より幼い頃の話である。

文徳天皇は、年齢のこともあり、最愛の惟喬親王に次の位を譲る形にし、惟仁親王の即位はもっと長じてからで良いと考えるようになった。

もちろん、文徳天皇にとってはこの年齢差に加えて惟喬親王に対する私情もあり、その実現を考えたが、そのことを相談すべき臣下の最高位者である右大臣から太政大臣に上がっていく藤原良房は惟仁親王の外祖父であり、文徳天皇は遠慮して言い出せないでいた。

文徳天皇の心情を斟酌した良房は惟仁親王を皇太子から辞譲させようとした。しかし、天文を善くした藤原三仁はその様にすべき天変は現れていないとし、惟仁親王の皇太子からの辞譲はならなかった。

そこで、帝は時の二の人源信と清談し、惟喬親王を皇太子に立てるべく命じたいと言った。しかし、源信も現皇太子に罪があるならば現皇太子を下ろして新しく皇太子を立てることもあり得るが、罪がないならそれはできないとした。

そういうわけで、結局、文徳天皇の願いは実現しなかった。

ほどなく文徳天皇の崩御があり、清和天皇が即位して応天門炎上事件があったと話は続くのである。

事は伴大納言善男が源信を左大臣の座から追い落とそうとして企てたもので、左大臣源信が起こした失火だということで話が進む。その後の展開では、実頼の話では清和天皇の判断力に中心があり、絵巻とは異なる。

ここに紹介する絵図は五図である。

図① 炎上する応天門と火の粉に追われる群衆

(上) 図② 清和天皇が藤原良房に相談。簀の子から様子を窺うのは時の左大臣源信と思われる。

(右) 図③ 子供の喧嘩のもつれから真犯人は源信ではないことが明らかになる。

（上）図④　真犯人は伴大納言善男となり、
流罪へ。家中の女房達が涙に暮れる。

（右）図⑤　配流される伴大納言善男。

『北野天神縁起絵巻』

『北野天神縁起絵巻』は北野天満宮の縁起であり、北野社の由来を語る物だが、ここでは、皇位継承問題との関連から、北野社発起前の道真配流の少し前から道真が雷神となって時平らを襲うあたりまでを紹介する。

図は全部で四図である。

図①　時平に讒言された道真が宇多院に救済を求める場面

図② 配流される前に庭の梅を眺め「こちふかば」の歌を詠む場面

図③ 配流された道真が、昌泰三年（九〇〇）九月に醍醐帝から都で授かった御衣を取り出して、思い出して涙する場面。

図④　道真薨後、雷神となって清涼殿を襲い、時平が抜刀して構える場面。

あとがき

今日までの間に、『栄花物語』に関わる論文はいくつか書き続けてきた。そして、その中には重要だと自分でも思う論文もいくつかある。残念ながら必ずしもうまくかけているとは言えなかったりするものもあるが、今回は関連するところはわかりやすく書き進められていると思う。本書では既発表の論文を書き直すようなことはしていない。

歴史か文学かという議論は、歴史物語というジャンル名を与えられたあたりから活発になってきたかと思われるが、今日的にいうと、史学は事実はどうであったかの究明に本来の目的があり、文学はその時代にどう理解されていたかが論の最大の根拠となるので、主張の論理が微妙に異なる。相互にどちらの問題意識も重要であることは間違いないが、考えていく手順に少し相違があるというところだろうか。

本書は、その意味では、文学の立場から書くことになるので、扱う一つ一つの史実について、いろいろな意見を検討しながら進めるのではなく、その頃のことを記す文献に依ればどういうふうにたどられるかを基本として書き進めたいと思うのである。むしろ、一つ一つを論じてもろもろの説に見解を示していく形にすれば、読み物としては極めてわかりにくい書になる上に、膨大なページ数を重ねることになるので、それは避けたいという思いもある。その意味では、一級の学術書よりはやや一般書に近い趣になることは間違いない。

本書を形にするに当たって、写真は全面的に国際日本文化センター教授の倉本一宏氏に世話になった。著者には日頃の努力として撮り置きがなかった。倉本氏の歴史家としての炯眼には高い評価をしている著者としては、これほどありがたいことはなかった。

また、本書の書名としては、『皇位継承の記録――『栄花物語』の謎を考える――』を提案したが、編集部の方で『皇位継承の記録と文学――『栄花物語』の謎を考える――』を考えてくれた。

書く行為全般を〝文学〟と捉えようとする著者の立場としては「記録と文学」は重複する感もあったが、一般的には編集部の提案の方が正確に通ると思われた。編集部西之原一貴氏にも厚く御礼を申し上げたい。

中村康夫（なかむら　やすお）

1949年大阪に生まれる。博士（文学・神戸大学）。

現在、国文学研究資料館名誉教授、総合研究大学院大学名誉教授。

著書に、『栄花物語の基層』（風間書房、2002年）、『歴史物語（栄花物語・大鏡・今鏡・水鏡・増鏡）CD-ROM』（監修）（岩波書店、2003年）、『兼永本古事記・出雲国風土記抄CD-ROM』（監修）（岩波書店、2003年）、『日本古代文学人名索引（電子版）』（和泉書院、2008年）『和書のさまざま』（監修）（和泉書院、2015年）などがある。

日記で読む日本史 8
皇位継承の記録と文学
『栄花物語』の謎を考える

二〇一七年七月三十一日　初版発行

著者　中村康夫
発行者　片岡敦
印刷製本　亜細亜印刷株式会社

発行所　株式会社 臨川書店
606-8204 京都市左京区田中下柳町八番地
電話（〇七五）七二一―七一一一
郵便振替　〇一〇七〇―二―八〇〇

落丁本・乱丁本はお取替えいたします
定価はカバーに表示してあります

ISBN 978-4-653-04348-5　C0395
〔ISBN 978-4-653-04340-9　C0321　セット〕